The Gospel of Thomas
in English, Haitian Creole and French

Levanjil Toma a
nan lang angle, kreyòl ayisyen ak franse

Évangile selon Thomas
en anglais, créole haïtien et français

Edited by
Benjamin Hebblethwaite and Jacques Pierre

Translated by
Hans-Gebhard Bethge
Benjamin Hebblethwaite and Jacques Pierre
and Michel Weber

Includes introduction in Haitian Creole and English:
The Gospel of Thomas in its Historical Context
by Benjamin Hebblethwaite and Jacques Pierre

Classic Editions
Gainesville, Florida
2005

Classic Editions
4221 NW 19th Street
Gainesville, Florida 32605
United States of America

E-mail: classiceditions@bellsouth.net

Printed in the United States of America and the United Kingdom by Lightning Source, Inc.

First Edition

Cover Design by Don Miller. The cover photograph was taken by Don Miller in Belle-Rivière (Bèl Rivyè), a village in south-eastern Haiti, in November 2004.
The lettering on the lower edge is from the original Coptic manuscript of *The Gospel of Thomas*. The photograph was kindly provided by the Institute for Antiquity and Christianity in Claremont, California.

Cataloging-in-Publication Data:
The Gospel of Thomas in its Historical Context / Introduction by Benjamin Hebblethwaite and Jacques Pierre.
Includes bibliographical references.
The Gospel of Thomas in English, Haitian Creole and French / English translation by Hans-Gebhard Bethge, Haitian Creole translation by Benjamin Hebblethwaite and Jacques Pierre and French translation by Michel Weber.
ISBN 0-9765196-0-7 (Paperback, $12.95)
ISBN 0-9765196-1-5 (Hardback, $24.95)
Library of Congress Control Number: 2005900308
I. Hebblethwaite, Benjamin, 1971. II. Pierre, Jacques, 1970. III. Bethge, Hans-Gebhard, 1943. IV. Weber, Michel, 1963. V. Title

Key words:
1. Gospel of Thomas – Criticism, interpretation, etc. 2. Gnosticism. 3. Apocrypha. 4. The New Testament. 5. Early Christianity. 6. Nag Hammadi codices 7. Foreign Languages – Haitian Creole, French. 8. Polyglot 9. Jesus Logia. 10. Apostle Thomas. 11. Religion.

For Dr. Gregory Riley in thanks for an excellent New Testament class in the spring of 1995.

Nou dedye liv sa a pou Gregory Riley (Doktè nan domèn relijyon), nou te gen chans suiv yon kou nan men li sou *Nouvo Kontra a* nan lane 1995.

Contents — Sa k nan liv la — Table des matières

Levanjil Toma a nan kontèks istorik li

Benjamin Hebblethwaite ak Jacques Pierre

The Gospel of Thomas in its Historical Context

Benjamin Hebblethwaite and Jacques Pierre

Levanjil Toma a nan kontèks istorik li
Benjamin Hebblethwaite ak Jacques Pierre

Entwodiksyon

Nan liv sa a, aspè lengwistik, espirityèl ak istorik fè yon sèl. Objèktif nou se te fè reviv Apòt Toma a ak ansèyman li yo sou Jezi. Entwodiksyon an chita sou tradisyon Toma yo ansanm ak tout konpleksite ki genyen nan tèks li yo. Nan tradiksyon nou an, nou bat pou n itilize yon langaj fasil pou n ka rann tèks *Levanjil Toma a* klè pou tout moun konprann. Prezantasyon *Levanjil Toma a* nan lang angle, kreyòl ayisyen ak franse sou yon menm paj ap pèmèt lektè yo wè pi rapid ki jan ajansman mo yo fèt nan chak lang, epi ki mo nou itilize kòm ekivalan soti nan yon lang pou ale nan yon lòt.

Pwojè sa a te konmanse nan lane 2003. Baz vèsyon *Levanjil Toma a* an kreyòl ayisyen ak franse chita sou tradiksyon angle Pwofesè Hans-Gebhard Bethge a. Nou chwazi itilize tradiksyon Pwofesè Bethge a paske se tradiksyon angle ki pi fasil pou li epi ki pi klè pou pèmèt tout moun konprann *Levanjil Toma a*. Bò kote vèsyon angle Bethge a, nou sèvi ak vèsyon angle Koester ak Lambdin nan (nan Robinson 1978) epi ak vèsyon Stollman nan ki nan lang nelandè (2003). Dezi nou, se pou travay sa a ki nan plizyè lang kapab ensite plis rechèch fèt sou tèks Nag Hamadi yo.

Nan konmansman lane 2004, Pwofesè Hans-Gebhard Bethge, yon Chèchè nan Fakilte Teyoloji nan Inivèsite Houmbòl (Humboldt) nan vil Bèlen ki chita nan peyi Lalmay, te ban nou pèmisyon li pou itilize vèsyon angle li a ki te parèt premye fwa nan yon liv ki rele *The Fifth Gospel* (Patterson *elatriye* 1998). Pwofesè Bethge te ajoute kèk chanjman ak korèksyon nan vèsyon sa nou gen ki nan liv la.

Nan lane 2004 tou, Pwofesè Michel Weber, yon Chèchè nan Enstiti siperyè Filozofi nan Inivèsite Katolik nan Louven-la-Nèv ki chita nan peyi Labèljik, te di nou li dakò pou l pare yon nouvo vèsyon franse k ap baze sou tèks pwofesè Bethge a tou.

Nou byen kontan ofri piblik la bèl ti travay sa a ak lèspwa jefò sa a ap rafrechi memwa yo sou Krisyanis la, epi tou ede yo nan etid y ap fè sou kreyòl ayisyen, angle ak franse.

The Gospel of Thomas in its Historical Context
by Benjamin Hebblethwaite and Jacques Pierre

Introduction

Linguistic, spiritual and historical strands intertwine in this book. Our aim has been to revive the Apostle Thomas and his teachings on Jesus. The introduction situates the Thomas tradition in its complex historical and intertextual setting. In our translations of *The Gospel of Thomas* we strive to use flowing language in order to open up the ideas of this scripture. The multilingual facing-page format gives readers an opportunity to enrich their knowledge of English, Haitian Creole or French by means of immediate feedback.

Our project began in the year 2003. The base version of *The Gospel of Thomas* in Haitian Creole and French is the English translation by Dr. Hans-Gebhard Bethge. We chose to use Dr. Bethge's translation because it is reliable and readable; it allows everyone to grasp the teachings in *The Gospel of Thomas*. Alongside Dr. Bethge's English version, we used Koester and Lambdin's English version (in Robinson 1978) and Stollman's Dutch version (2003). Our hope is that this multilingual tool will spur further work on the Nag Hammadi codices.

In early 2004, Dr. Hans-Gebhard Bethge, Professor in the Theology Faculty at Humboldt-University in Berlin, Germany, kindly granted us permission to use his English version which appeared first in a book entitled *The Fifth Gospel* (Patterson *et al.* 1998). Dr. Bethge has also made various changes and corrections to the text appearing here.

Also in 2004, Dr. Michel Weber, Researcher at the Institut supérieur de Philosophie of the Université catholique in Louvain-la-Neuve, Belgium, agreed to prepare a new French version also based upon Dr. Bethge's text.

We are very happy to offer the public this precious scripture in a format that is sure to refresh the understanding of Christianity and advance the knowledge of English, Haitian Creole and French.

Nan pwochen pati a, nou pral antre nan yon analiz istorik pou n konnen pi plis sou *Levanjil Toma a*. Nan tout rès travay la, n ap rele li *Toma*.

Toma nan kontèks istorik li

Toma se yon koleksyon pawòl ak ansèyman ki entèprete sa Jezi te di. *Toma* reflete yon bann kouran entèlektyèl, filozofik ak espirityèl monn ansyen an. Tankou liv ki fòme *Nouvo Kontra a* nan *Bib la*, vèsyon orijinal *Toma* a te ekri nan lang grèk, konsa li gen mak kilti sa a. *Toma* soti nan yon epòk kote Anpi Women an te domine monn mediteraneyen an, konsa tou li pote mak anpi sa a.

Pi fò nan gwo save biblik yo kwè *Toma* te parèt nan ane 60 rive 100 nan premye syèk la, sa vle di 30 a 70 lane konsa apre Jezi te mouri (Patterson 1998; Riley 1995; Pagels 2003). Gen lòt save tou ki di *Toma* te parèt nan lane 140 yo konsa. Nou dakò ak premye pozisyon an; nou panse *Toma* te soti nan premye syèk la poutèt lyen li gen avèk levanjil kanonik *Jan* an tankou nou pral wè sa pi devan. Nan sans sa, lè n di kanonik, n ap pale de yon mouvman ki parèt nan katriyèm syèk la. Lè sa a, Legliz Katolik te konmanse chwazi kèk liv li konsidere ki sakre, kidonk pawòl liv sa yo soti nan bouch Bondye.

Toma kanpe sou tout tradisyon Jwif la, espesyalman liv *Jenèz* la nan *Bib la* ak literati *Hekalòt* ["Hekalot"] epi *Mèkaba* tou ["Merkabah"] (Pagels 2003: 101; *Toma* 85). *Toma* gen yon aspè Nòstik tou. Nòstisis se te yon mouvman espirityèl ki te kwè moun kapab jwenn Bondye anndan yo menm (Pagels 2003: 121; *Toma* 70). Epòk *Toma* soti a, gwo filozòf tankou Epikiris ["Epicurus"] ak Epiktetis ["Epictetus"] te gen pawòl ak ansèyman pa yo kolekte nan ti liv pa yo. Ti liv sa yo t ap sikile depi se kote yo t ap vann liv. (Sonje, poutèt liv yo te fèt alamen, yo te koute tout yon fòtin). Kilti Ebre, Lejipsyen, Pèsan ak anpil lòt pèp nan zòn lanmè mediteraneyen an te gen pratik kouche pawòl sajès ak pwovèb sou fèy papiris (Patterson 1998: 37).

In the next section, we are going to undertake a historical analysis in order to know more about *The Gospel of Thomas*. In this introduction, we are going to call it *Thomas*.

Thomas in its Historical Context

Thomas is a collection of words and teachings that interpret what Jesus said. *Thomas* reflects a number of intellectual, philosophical and spiritual currents in the ancient world. As with the books that make up *The New Testament* in *The Bible*, *Thomas* was originally written in the Greek language, thus it is shaped by that culture. *Thomas* came out in an epoch when the Roman Empire dominated the Mediterranean world, thus it also bears the mark of that empire.

Most of the established biblical scholars believe *Thomas* appeared in the years 60 to 100 in the first century, which means 30 to 70 years after Jesus died (Patterson 1998; Riley 1995; Pagels 2003). There are also other scholars who say *Thomas* appeared around 140. We stand with the former; we think *Thomas* came out in the first century because of the way it is linked to the canonical *Gospel of John*, as we will discuss later. In that sense, when we say "canonical," we are talking about a movement that appeared in the fourth century. At that time, the Catholic Church began to choose a few books it considered to be sacred, meaning the words of those books are believed to be inspired by God.

Thomas stands upon the shoulders of the entire Jewish tradition, especially *Genesis* in *The Bible* and the *Hekalot* and *Merkabah* literature (Pagels 2003: 101; *Thomas* 85). *Thomas* also has a Gnostic dimension. Gnosticism was a spiritual movement that believed humans are able to find God within themselves (Pagels 2003: 121; *Thomas* 70). During the epoch *Thomas* came out in, great philosophers such as Epicurus and Epictetus had their words and teachings collected in little books of their own. Those books were circulating from anywhere books were sold. (Recall that since books were made by hand, they were extremely expensive). Hebrew, Egyptian and Persian cultures, among many others in the region around the Mediterranean Sea, had the practice of writing down words of wisdom and proverbs on sheets of papyrus (Patterson 1998: 37).

James Robinson (Djèmz Robinsonn), yon pwofesè meriken ki te òganize piblikasyon tout tèks dekouvèt Nag Hamadi yo, klase tradisyon pawòl ak ansèyman ki nan *Toma* nan yon lekòl literè ki rele *Logoi Sophon* (an kreyòl, *Logòy Sofòn*), sa vle di: *Pawòl Saj* (1964: 77-96). *Toma* chita nan yon varyete kouran entèlektyèl ak espirityèl nan lantikite, men sitou nou ka di *Toma* soti nan ansèyman ak pawòl Jezi atravè Toma oswa disip Toma yo.

Jan yo te dekouvri *Toma*

Yon bèjè ki rele Mouhamad Ali al-Samàn ["Muhammad Ali al-Samman"] nan Nag Hamadi [Nag Hammadi], yon ti bouk nan peyi Lejip, te dekouvri yon vèsyon konplè liv *Toma a* nan lane 1945 (Robinson 1998: 79). Li te jwenn tèks la avèk yon bann lòt tèks nan yon ja ki fèt ann ajil sou bò yon mòn. Peyizan yo te vini sou mòn sa a pou yo fouye tè a pou yo ka jwenn angrè.

Jounen jodi a gen toujou kèk kretyen *koptik* k ap viv nan peyi Lejip, menm si se yon ti minorite tou piti konpare ak kominote mizilman an. Istoryen yo fè konnen liv kretyen tankou *Toma* te parèt nan lang koptik la depi nan dezyèm syèk apre Jezi gras a tradiksyon Kretyen yo te fè. Kretyen sa yo soti nan Palestin, epi yo te pote Krisyanis la nan Lejip (Patterson 1998: 35). Tèks *Toma* msye Mouhamad Ali al-Samàn te jwenn nan te soti nan katriyèm syèk la (36). Konsa save di *Toma* te yon liv ki te popilè pandan yon bon bout tan nan nò Lejip. Save yo kwè Kretyen lontan yo ki te plimeyank te manyen mo yo nan *Toma* tanzantan pandan syèk sa yo. Sa vle di moun ki te kopye *Toma* pandan premye syèk yo sanble te fè kèk pase men, nouvo analiz ak reyòganizasyon nan tèks la (36). Nou menm, nou pa fè sa, kit se nan vèsyon kreyòl ayisyen an, franse oubyen angle.

James Robinson, the American professor who organized the publication of all the texts discovered at Nag Hammadi, places the tradition of words and teachings that are in *Thomas* in a literary school called *Logoi Sophon*, which means: *Words of Wisdom* (1964: 77-96). *Thomas* is placed in a variety of intellectual and spiritual currents in antiquity, but above all we can say that *Thomas* comes from the teaching and words of Jesus through Thomas or the disciples of Thomas.

How *Thomas* was discovered

In Nag Hammadi, a small village in Egypt, a shepherd named Muhammad Ali al-Samman discovered a complete version of the book *Thomas* in the year 1945 (Robinson 1998: 79). He found the text with a number of other texts in a clay jar on the side of a mountain. Peasants came to that mountain in order to dig earth to use as fertilizer.

Today there are still a few Coptic Christians who are living in Egypt, even if they are a tiny minority compared with the Muslim community. Historians say Christian books like *Thomas* appeared in the Coptic language since the second century after Jesus thanks to translations Christians were producing. Those Christians came from Palestine, and they brought Christianity to Egypt (Patterson 1998: 35). The text of *Thomas* found by al-Samman came from the fourth century (36). For this reason scholars say *Thomas* was a book that was popular for a considerable amount of time in northern Egypt. Scholars believe that Christian authors in antiquity from time to time made changes to the words in *Thomas* over the course of those centuries. This means that the people who copied *Thomas* during the first centuries could have undertaken changes, new analyses and reorganization in the text (36). As for us, we do not do that with our English, Haitian Creole or French versions.

Tout tèks Mouhamad Ali al-Samàn te jwenn yo te ekri sou papiris nan yon lang ki rele *koptik*. Anvan yo te dekouvri tèks yo, se te jis kèk grenn save ki te konn li lang koptik la. Lang koptik sa a pa pale depi yon bon bout tan. Sanzatann, yon dividal pwofesè ak chèchè biblik atravè lemonn te aprann lang sa a trapde pou yo te ka pibliye liv Nag Hamadi yo epi fè analiz sou tout sa yo te jwenn nan yo. *Toma* nan lang angle, kreyòl ayisyen ak franse (ak yon bann lòt lang) se fwi tout travay sa yo ki fèt depi 1945.

Anvan kokennchenn dekouvèt *Toma* nan Nag Hamadi, twa ti moso *Toma* te egziste nan lang grèk la. Tout rès vèsyon grèk la pèdi pou rezon nou pa konnen. Nan ane 1897, de Britanik, B.P. Grenfell ak A.S. Hunt, te dekouvri twa ti vèsè sa yo nan Lejip tou, apeprè 200 kilomèt nan zòn sid bouk Nag Hamadi a (Patterson 1998: 34). Gen kèk moun ki kwè vèsyon orijinal *Levanjil Toma* a te ekri nan lang grèk la, menm jan ak *Levanjil Matye, Mak, Lik* ak *Jan* yo. Malgre se twa ti vèsè grèk ase ki genyen, pou save yo, lang grèk la se lang fondalnatal *Toma*.

Ki moun ki te ekri *Toma*?

Pi fò moun ki konn li *Bib la* sonje Toma se te disip ki pa t vle kwè Jezi te soti vivan nan lanmò san l pa manyen twou kote klou yo te ye nan men Jezi (wè *Jan* 20: 24-29). Jounen jodi a se prèske *sèlman* sa moun sonje lè yo tande non Toma! Otè ki site nan premye vèsè *Toma* a pote non "Didimòs Jid Toma." Non sa a byen enteresan. "Didimòs" se yon mo grèk ki vle di *jimo*, epi "Toma" se yon mo nan lang aramayik la ki vle di *jimo* tou! (Lang aramayik la, se yon lang nan fanmi semitik la tankou ebre (Izrayèl), arab (Palestin), amarik (Letyopi), elatriye). Save konn di se lang manman Jezi; men Jezi te konnen ebre tou, epi petèt grèk, laten ak lòt lang. Nan *Nouvo Kontra a,* pandan kèk fwa Jezi te di kèk pawòl nan lang aramayik la, gade nan *Mak* 5:41, "Talita koum" ("Ti fi, mwen di ou leve") ak nan *Matye* 27:46, *Mak* 15:34, "Eli, eli lema sebaktani" ("Bondye, Bondye, pou ki sa ou lage mwen?"). Tankou nou pral wè, *Levanjil Jan an* rele Toma "Jimo" a tou (wè *Jan* 11:16, 20:24 ak 21:2).

All of the texts found by Muhammad Ali al-Samman were written on papyrus in a language called Coptic. Before the texts were found, just a few scholars knew how to read the Coptic language. The Coptic language has not been spoken for a considerable length of time. All of a sudden, a great number of biblical scholars around the world quickly learned the language in order to publish the books of Nag Hammadi and to undertake analyses on all the things they found in them. *Thomas* in English, Haitian Creole and French (and a number of other languages) is the fruit of all those efforts taken since 1945.

Before the enormous discovery at Nag Hammadi, three fragments of *Thomas* existed in the Greek language. The rest of the Greek version is lost for reasons unknown. Two Britons, B.P. Grenfell and A.S. Hunt, discovered those three verses once again in Egypt approximately 200 kilometers south of the village of Nag Hammadi in the year 1897 (Patterson 1998: 34). It is said that the original version of *The Gospel of Thomas* was written in Greek as were *The Gospels of Matthew, Mark, Luke and John*. Even though we only have three verses, scholars believe Greek was the base language of *Thomas*.

Who wrote *Thomas* and when?

Most people in the habit of reading *The Bible* recall that Thomas was the disciple who would not believe that Jesus rose from the dead without touching the holes where the nails had been (see *John* 20: 24-29). Today it is almost the *only* thing people remember when they hear the name Thomas! The author who is cited in the first verse of *Thomas* is named "Didymos Judas Thomas." That name is very interesting. "Didymos" is a Greek word that means *twin* and "Thomas" is a word in the Aramaic language that means *twin* too. (The Aramaic language is in the Semitic language family like Hebrew (Israel), Arabic (Palestine), Amharic (Ethiopia), etc). Scholars say that it was the language of Jesus; but Jesus also knew Hebrew, and perhaps Greek, Latin and other languages. In *The New Testament*, Jesus is cited in the Aramaic language a few times, see "Talitha cum" ("Little girl, get up") in Mark 5:41 and "Eli, Eli, lema sabachthani?" ("My God, my God, why have you forsaken me?") in Matthew 27:46 or Mark 15:34). As we will see, *The Gospel of John* also calls Thomas the "Twin" (*John* 11:16, 20:24 and 21:2).

Save yo chache tribòbabò pou yo depiste tras tradisyon Toma yo ki rete nan kèk peyi. Yo twouve tras tradisyon Toma yo nan peyi Lasiri ak Lend. Nan yon tèks ki rele *Dòktrin Adè* [*"Doctrina Addaï"*] nou aprann Adè, yon disip Toma, te pote ansèyman Toma yo nan Edesa, Lasiri ["Edessa"], epi se la l te tabli sa ki te vin Legliz siryen an (Ross 1990: 45). Ross remake tou li posib Toma te ale ansanm ak Adè (1990: 45). Ross note anpil save kwè otè *Toma* a te ekri liv la nan vil Edesa, Lasiri (1990: 73).

Nan yon tèks ki rele *Travay Toma yo* ["The Acts of Thomas"], ki te soti apepre nan lane 200, epi ki te ekri nan lang Siryen an, gen yon istwa ki rakonte jan Toma te al nan peyi Lend pou l tabli legliz yo (Pagels 2003: 39). Nan *Travay Toma yo*, Jezi te mande Toma pou li pote mesaj li ale nan peyi Lès yo. Dapre liv sa a, Toma te derefize fè sa Jezi te mande l la, alò Jezi te vann li kou yon esklav! Sanble Toma gen repitasyon "tèt di" lontan.

Lè fini Toma debake nan peyi Lend nan wayòm wa Goundafòwòs la ["Gundaphoros"]. Gras a bon jan twati Toma te konn fè, wa peyi sa a envite l bati yon twati pou palè pa li a (Ross 1990: 46).

Dapre Ross, se nan lane 46 Toma t ap sèvi wa Goundafòwòs la. Gen lòt enfòmasyon ki di, nan lane 52 Toma te rive nan Miziris ["Muziris"], yon vil yo rele Krànganò ["Cranganore"] jodi a ki chita sou lakòt Malaba ["Malabar"] nan sidwès Lend. Se la l te fonde pwòp legliz li. Dapre tradisyon yo, Toma te tabli sèt legliz nan zòn nan. Apre sa, li te ale nan pati lès peyi Lend pou l tabli yon legliz nan yon kote ki pa twò lwen ak yon vil yo rele Madras jodi a (Ross 1990: 46).

Scholars searched everywhere in order to track down the traces and influences of the Thomas tradition that remained in a few countries. They found the Thomas tradition left traces in Syria and in India. In a text called *Doctrina Addai* we learn that Ade, a disciple of Thomas, brought the teachings of Thomas to Edessa, Syria, and it was there that he established what would become the Syrian church (Ross 1990: 45). Ross also remarks it is possible that Thomas went together with Ade (1990: 45). Ross notes that many scholars believe the author of *Thomas* wrote the book in the city of Edessa, Syria (1990: 73).

In a text called *The Acts of Thomas*, which came out approximately in the year 200, and which was written in the Syrian language, there is a story that recounts how Thomas went to India to establish churches (Pagels 2003: 39). In *The Acts of Thomas*, Jesus asks Thomas to carry his message to the Eastern nations. According to that book, Thomas refused to do what Jesus had asked him, so Jesus sold him as a slave! It appears that Thomas had a reputation of stubbornness in his days.

Eventually Thomas disembarked in India in the kingdom of king Gundaphoros. Thanks to the high quality roof work Thomas was known for, the king of that country invited him to build a roof for his palace (Ross 1990: 46).

According to Ross, it was in the year 46 that Thomas was serving the king Gundaphoros. There is other information that indicates Thomas arrived in the city Muziris, named Cranganore today, in the year 52. That city is located on the Malabar Coast in south-west India. It was there that he established his own church. According to the traditions, Thomas founded seven churches in the area. After that, he went to the east in order to establish a church in a place that is not too far from the city named Madras today (Ross 1990: 46).

Apre Toma te mouri nan lane 72, Kretyen endyen yo toujou venere Toma nan tonbo li nan fè yon gwo selebrasyon chak ane pou li (Ross 1990: 46). Legliz endyen sa a rele Legliz Apostolik Toma jouk jounen jodi a. Epi l gen lyen ak Legliz Òtodoks ansyen peyi lès yo. Yo di l toujou la menm si li diferan jounen jodi a ak sa l te ye lè l te fèk derape a (Ross 1990: 46-47). Nou pa kwè Legliz Toma te fonde nan Lend lan te genyen yon kopi *Levanjil Toma a* (petèt li te ka genyen l, men li pèdi l). Gen yon lòt tradisyon ankò ki di zo Toma repoze nan Edesa, Lasiri (Riley 1995: 80).

Si se vre Toma oubyen disip Toma yo te ekri *Toma*, epi si se vre tou Toma te viv nan peyi Lend apati lane 46, gen plis chans tradisyon *Toma* yo te kouche sou papye anvan menm Toma ki se apòt la te derape al nan peyi Lend. Ala yon vwayaj! Kòm nou deja gen tan wè, se nan peyi Lasiri yo te twouve anpil tras tradisyon Toma yo, alò pi fò moun kwè se la menm *Toma* a te ekri. Yo di *Toma* te ka soti nan zòn sa a kenz (15) rive ventan (20) apre Jezi mouri (Ross 1990: 46-47). Men, Patterson (1998) pa fin dakò ak lide sa a. Li di menm si se te nòmal pou sèten disip genyen yon repitasyon rejyonal, — pa egzanp, Pyè nan Wòm, Jan nan Azi Minè, Toma nan Lasiri, elatriye, — epi se pa paske Legliz siryen an konsidere Toma kòm Sen patwonal li, ki vle di *Toma* te soti nan Lasiri pou sa. Dapre Patterson (1998: 40), *Toma* te ka soti nan Jerizalèm akoz mansyon *Toma* 12 fè sou Jak. Yo di Jak te Jerizalèm akoz yon vèsè nan Galat 1:19 kote Pòl dekri yon rankont li te fè ak li la (Patterson 1998: 40). Pou Patterson, prezans non Jak nan *Galat* ak nan *Toma* ta ka fè kwè *Toma* soti nan Jerizalèm menm, epi dapre li, *Toma* te fè wout li pou ale nan peyi Lasiri, kote enfliyans li t apral boujonnen (40).

Thomas died in the year 72. The Indian Christians still venerate Thomas at his tomb with a great celebration every year (Ross 1990: 46). That Indian church is named the Apostolic Church of Thomas up until this very day. Furthermore, it has ties to the Eastern Orthodox Church. It is said that it still exists even if it is different today from how it was when it first began (Ross 1990: 46-47). The church Thomas founded in India has no copy of *The Gospel of Thomas* in the present age (perhaps it had a copy, but it lost it). There is yet another tradition that says the bones of Thomas were laid to rest in Edessa, Syria (Riley 1995: 80).

If it is true that Thomas or the disciples of Thomas wrote *Thomas*, and if it is also true that Thomas lived in India from the year 46, there is a greater chance traditions of *Thomas* were written down before Thomas the apostle took off for India. What a voyage! As we have already seen, it is in Syria that scholars have found many traces of Thomas, thus most people believe it was right there that *Thomas* was written. They say that *Thomas* could have appeared around fifteen to twenty years after Jesus died (Ross 1990: 46-47). But, Patterson (1998) is not entirely in agreement with this idea. He says even if it was normal for a certain disciple to have a regional reputation, — for example, Peter in Rome, John in Asia Minor, Thomas in Syria, and so forth, — and for the Syrian Church to consider Thomas as its Patron Saint, this does not mean *Thomas* came from Syria. According to Patterson (1998: 40), *Thomas* could have been written in Jerusalem because of the mention *Thomas* 12 makes about James. It is said that James was in Jerusalem due to a verse in *Galatians* 1:19 where Paul describes a meeting he had with him there (Patterson 1998: 40). For Patterson, the presence of the name James in *Galatians* and in *Thomas* could make one believe *Thomas* came from Jerusalem itself, and according to him, *Thomas* made its way from there to Syria, where its influence burgeoned (40).

Chèchè tankou Patterson (1998: 41), Riley (1995), ak kèk lòt, konsidere *Matye, Mak, Lik* ak *Jan* kòm tèks ki te parèt nan menm epòk ak *Toma* oubyen menm yon ti kras pi ta pase *Toma*. Kòm prèv, yo site fòm naratif *Levanjil kanonik* yo. Lè n di fòm naratif, sa vle di fason pawòl ak ansèyman Jezi yo mare avèk istwa lavi li. Fòm naratif nou wè nan levanjil kanonik yo montre yon etap ki ta swiv etap oral la (40-1). Soti nan etap kote gen koleksyon ansèyman yo, rive nan moman kote yo kouche ansèyman yo sou papye pou fòme yon istwa, montre diferan etap ki gen nan pakou Levanjil kanonik yo dat apre dat. Kidonk *Toma* parèt pi pre etap oral la akoz estrikti diskou li, epi fason pawòl yo ajanse tou. Pou chak ti pawòl ak ansèyman, *Toma* itilize fòmil sa a : "Jezi di..." (Patterson 1998: 35). Toma pa fè youn ak lavi Jezi, men li kenbe kèk tras nan mesay ak esperyans li yo.

Toma ak *Jan* nan polemik

Pou sa ki gen arevwa ak enfliyans *Toma* te ka genyen nan *Levanjil* kanonik yo, save *Bib la* pa kwè otè *Matye, Mak* oswa *Lik* yo te genyen *Toma* sou men yo lè yo t ap konpoze liv pa yo. Otè *Matye* ak *Lik* te sèvi ak *Mak* epi ak yon dokiman yo rele "Kyou." Non *Kyou* a soti nan mo Alman sa a *Quell* ki vle di *sous*. Yo pa gen liv *Kyou* a, men yo kwè li te egziste kanmenm. Liv *Kyou* a se te yon koleksyon pawòl ak ansèyman (wè Burton Mack 1993). Save biblik yo konn di *Toma* pa gen okenn relasyon ak *Matye, Mak* ak *Lik,* epi *Matye, Mak* ak *Lik* pa gen okenn relasyon ak li tou. Kanta *Jan,* se lòt koze nèt. Malgre save yo pa fin kwè otè *Jan* an te genyen *Toma* sou men li, yo di li te konnen gwoup kretyen Toma yo ki t ap sèvi ak *Toma* oubyen ki te kenbe tradisyon Toma te fonde yo (Riley 1995; Patterson 1998; Pagels 2003 ak anpil lòt). Nan istwa mouvman kretyen an, nou kwè ansèyman ak pawòl Jezi te gen efè diferan sou lavi disip li yo paske chak disip te gen pwòp esperyans pa li ak Jezi. Disip yo te tonbe preche nan non Jezi, epi disip yo te vin gen non 'apòt' akoz bon jan relasyon yo te genyen ak Jezi vivan an. Kòm nou wè nan liv *Travay* nan *Nouvo Kontra a*, apòt yo te vin genyen pwòp disip pa yo e se konsa Krisyanis la gaye toupatou. Men, yon konkirans te vin devlope sou zafè otantisite tradisyon apostolik yo. Èske sèten tradisyon apostolik yo te otantik oswa pa otantik?

Researchers like Patterson (1998: 41), Riley (1995), and a few others, consider *Matthew, Mark, Luke* and *John* as texts that appeared in the same period as *Thomas* or even a little bit later than *Thomas*. As proof, they cite the narrative form of the canonical Gospels. When we say narrative form, it means the way the words and teachings of Jesus are tied into the story of his life. The narrative form we see in the canonical Gospels indicates a stage that would follow the oral stage (40-1). The departure from a stage where there is a collection of teachings and sayings, to a stage where teachings are embedded in a story, suggests the different layers that exist in the trajectory of the canonical Gospels over the course of time. Thus *Thomas* appears to be closer to the oral stage because of its discourse and the way its words are presented. For each saying and teaching, *Thomas* only gives this formula: "Jesus said..." (Patterson 1998: 35). *Thomas* does not go into the life of Jesus, but it retains some traces of his messages and his experiences.

Thomas and *John* at odds

As for the influence *Thomas* may have had in the canonical gospels, scholars of *The Bible* do not believe the authors of *Matthew, Mark* or *Luke* had *Thomas* on hand when they were composing their own books. The authors of *Matthew* and *Luke* used *Mark* and a document that is known as "Q." The name "Q" was taken from the German word *Quell* meaning *source*. Scholars do not have *Q* but they believe it exists nonetheless, it is said to have been a collection of sayings and teachings (see Burton Mack 1993). Biblical scholars say that *Thomas* is independent from *Matthew, Mark* and *Luke,* and that they are independent from it. As for *John*, it is an entirely different matter. Even though scholars do not believe the author of *John* had *Thomas* on hand, they say that he knew about groups of Thomas Christians who were using *Thomas* or who were maintaining the traditions that Thomas founded (Riley 1995; Patterson 1998; Pagels 2003). In the history of the Christian movement, we believe the teachings and sayings of Jesus had different effects on the lives of his disciples because each disciple had his own experience with Jesus. The disciples began preaching in the name of Jesus, and the disciples came to have the title 'apostle' because of the veritable relationships they had with the living Jesus. As we see in the book *Acts of the Apostles* in *The New Testament*, the apostles came to have their own disciples and it was in that way that Christianity spread in all directions. However, a competition came to be due to the issue of the so-called 'authenticity' or 'inauthenticity' of particular apostolic traditions.

Nan yon liv enpòtan, Riley (1995) di otè *Jan* an te vle fè konkirans avèk kominote Toma a, epi louvri yon deba kote li kritike kominote Toma a (Riley 1995: 80, 106, 177; wè Pagels 2003: 70).

Sèjousi anpil rechèch fèt sou koze konkirans ak rivalite ki te egziste pami disip yo epi pami tout tradisyon disip Jezi yo (Pagels 2003: 62). Rechèch sa yo chita sou tras konkirans yo ki gen nan *Nouvo Kontra a* epi nan tèks ki te soti nan menm epòk avèk *Nouvo Kontra a*. Nan ansyen dokiman kanonik ak sa ki pa kanonik yo, motivasyon pou konkirans lan te soti nan yon seri divizyon ki te baze sou koze *ki* disip — sa vle di *ki tradisyon apostolik* — te konprann ak entèprete Jezi pi byen. Nan pwochen paragraf yo, n ap konsantre sou yon pasaj nan *Jan* ki kritike kominote Toma a. Apre, n ap gade tras rivalite ki nan *Toma* ak kèk ka enpòtan ki nan lòt liv *Nouvo Kontra a* tou.

Save tankou Riley (1995) ak Pagels (2003) di otè *Jan* an te vle teke kòn ak kominote Toma a. Dayè, chak tradisyon apostolik yo gen kèk ti remak pou yo fè lòt. Nan liv Pagels (2003) a, otè *Jan* an te reprezante apòt Toma a mal akoz li pa t renmen lide gwoup Toma yo. Dapre Pagels, otè *Jan* an te ekri liv sa a nan lane 90 yo, sa vle di yon swasanntenn ane apre Jezi te mouri. Lè sa a yon seri divèjans ideyolojik/espirityèl te deja divize kominote kretyen yo — tankou jodi a. Divès kalite gwoup t ap defann pwòp lide pa yo, epi yo t ap kontre lide pa lòt yo (34). *Jan* te kont ansèyman nan *Toma* ki di limyè Bondye ka klere nan tout moun, pa sèlman nan Jezi (Pagels 2003: 34). *Jan* deklare: Jezi se pa sèlman sèvant Bondye, men li se Bondye menm ki parèt sou fòm yon moun, wè *Jan* 20:8, 10:33 ak 20:28 (2003: 37). *Jan* chita sou kote sakre Jezi, tankou yon pakèt moun konstate sa. Okontrè, *Toma* li menm chita sou kote sakre chak moun, epi kapasite chak moun genyen nan li menm pou li chache epi konnen Bondye (2003: 34).

In an important book, Riley (1995) says the author of *John* wanted to compete with the Thomas community and take up a debate, make reproaches and corrections (Riley 1995: 80, 106, 177; Pagels 2003: 70).

At the present time much research is taking place on the issue of the competition and rivalry that existed among the disciples and between all the traditions of the disciples of Jesus (Pagels 2003: 62). Those investigations are based upon the traces of the rivalries that exist in *The New Testament* and in texts that came out in the same period as *The New Testament*. In the ancient canonical and non-canonical documents, the motivation for the competition arose from a series of divisions that were based on the issue of *which* disciple — meaning, *which apostolic tradition* — best understood and interpreted Jesus. In the next paragraphs, we are going to concentrate on passages in *John* that criticize the Thomas community. After, we are going to look at traces of rivalry that are in *Thomas* and a few important cases that are also in *The New Testament*.

Scholars such as Riley (1995) and Pagels (2003) say the author of *John* wanted to take issue with the Thomas community. Furthermore, each apostolic tradition has a few words of correction to give to rival groups. In Pagels' (2003) book, the author of *John* represented the apostle Thomas in a bad way because he did not like the ideas of the Thomas groups. According to Pagels, the author of *John* wrote that book in the 90s, which is about 60 years after Jesus died. At that time a number of ideological and spiritual divergences already divided the Christian communities — like today. A diverse number of groups were defending their own ideas, and they were encountering the ideas of others (34). *John* was against the teaching in *Thomas* that says the light of God can illuminate all humans, not only Jesus (Pagels 2003: 34). *John* declared: Jesus is not simply God's servant, but he is God himself who appears in the form of a human, see *John* 20:8, 10:33 and 20:28 (2003: 37). *John* advances the sacred side of Jesus, as many people have already observed. On the contrary, *Thomas* itself advances the sacred side of each person and the capacity each person has within her or himself to search for and know God (2003: 34).

Anpil moun jodi a ap montre ki jan *Jan* gen yon pakèt divèjans ak lòt *Levanjil* kanonik yo. Dayè, premye jenerasyon ki te li *Jan* pa te dakò ak li, yo pa t ankò deside si l te vre oubyen pa vre (Pagels 2003: 34). Pagels montre gwo diferans ant *Jan* ak *Matye-Mak-Lik* nan fason yo prezante aksyon Jezi te fè nan tanp lan nan fen sejou li nan Jerizalèm. Nan istwa sa a, Jezi pran chase moun yo ki t ap vann nan tanp lan, li chavire tab ak chèz, li pa t pèmèt moun yo kite tanp lan, li te kritike moun ki travay nan tanp lan (*Mak* 11:15-17). Nan *Matye-Mak-Lik* se evènman sa a menm ki pwovoke chèf prèt ak save nan tanp lan konplote pou yo touye l, "chèf prèt yo ak dirèktè lalwa yo t ap chache yon jan pou yo fè touye l" (*Mak* 11:18).

Nan *Jan*, okontrè, istwa chavire tanp lan parèt nan *konmansman* sejou Jezi nan Jerizalèm. Nan *Jan*, Jezi fè apepre menm bagay, li gen yon fwèt, li pran chase moun yo, li chavire tab yo. Dapre Riley ak Pagels, otè *Jan* an ajanse istwa Jezi nan tanp lan nan konmansman istwa l la paske objèktif li se te kapte atansyon lektè yo. Nan *Jan* sèlman, men pa nan *Levanjil Matye-Mak-Lik*, Jezi adrese "Jwif yo" ak pawòl sa yo: "Kraze tanp sa a kounyeya. Nan twa jou m ap rebati l ban nou" (*Jan* 2:19). Touswit apre, otè *Jan* an di Jezi t ap pale an pawoli sou ki jan li ta pral leve soti vivan nan lanmò: "Men Jezi li menm, lè l t ap di mo tanp lan se pwòp kò li li te gen nan tèt li" (2:21). Otè *Jan* an ta sanble ap mache fè lwanj pou Jezi ki soti vivan nan lanmò a.

Jan chwazi pou l mete istwa Jezi nan tanp lan nan konmansman liv li a paske li te gen divès esplikasyon sou lanmò Jezi. Kidonk, malgre sa *Matye-Mak-Lik* di, se pa sa Jezi te fè nan tanp lan ki fè yo arete l nan *Jan*, men pito se mirak Jezi t ap fè. Pou *Jan*, se paske Jezi se pitit Bondye, se sa ki lakòz lanmò li. Men, pou *Matye-Mak-Lik* se pozisyon brigan li ak pozisyon tèt cho li ki lakòz li mouri. Jezi avèk disip li yo ame ak nepe te reprezante yon menas pou otorite Jerizalèm yo (wè *Lik* 22:36-38 ak *Toma* 98). Nan *Jan*, okontrè, desizyon Farizyen ak chèf prèt yo te pran pou yo touye Jezi vin dirèk dirèk apre Jezi leve Laza soti vivan nan lanmò, wè *Jan* 11:38-12:11. Nan *Jan* se pouvwa fè mirak ak popilarite Jezi te gen ki te yon menas pou otorite yo (wè Riley 1995 ak Pagels 2003).

Many people today are showing how *John* has many divergences with the other canonical gospels. For that matter, the first generation that read *John* was not in agreement with it, the readers had not yet decided if it was true or not true (Pagels 2003: 34). Pagels shows the great difference between *John* and *Matthew-Mark-Luke* in the way they present the actions Jesus took in the temple at the end of his stay in Jerusalem. In this story, Jesus takes to chasing the people who are selling in the temple, he flips over tables, he does not allow people to leave the temple and he criticizes the people who work in the temple (*Mark* 11:15-17). In *Matthew-Mark-Luke* it is that very event that provokes the chief priests and the scribes in the temple to plot killing him, "And when the chief priests and the scribes heard it, they kept looking for a way to kill him" (*Mark* 11:18).

In *John*, on the contrary, the story of turning the temple upside down appears at the *beginning* of Jesus' stay in Jerusalem. In *John*, Jesus does more or less the same things, he has a whip, he starts chasing people, he flips tables over. According to Riley and Pagels, the author of *John* placed the story of Jesus in the temple at the beginning of his story because his objective was to lure the attention of the readers. In *John* alone, but not in *Matthew-Mark-Luke*, Jesus speaks to "The Jews" with these words: "Destroy this temple, and in three days I will raise it up" (*John* 2:19). Immediately after, the author of *John* says Jesus was speaking metaphorically about how he was going to raise from the dead: "But he was speaking of the temple of his body" (2:21). The author of *John* appears to have been promoting the idea of resurrection.

John chose to put the story of Jesus in the temple at the beginning of his book because he had a number of other explanations for the death of Jesus. Therefore, in spite of what *Matthew-Mark-Luke* say, it was not what Jesus did in the temple that made them arrest him in *John*, but rather it was the miracles Jesus was doing. For *John*, the reason for his death is because Jesus is the Son of God. But, for *Matthew-Mark-Luke* it is his unruliness and his controversial positions that were the cause of his death. Jesus and his sword-bearing men were clearly a threat to the authorities of Jerusalem (see *Luke* 22:36-38 and *Thomas* 98). In *John*, however, the decision of the Pharisees and the chief priests to kill Jesus comes immediately after Jesus raises Lazarus from the dead, see *John* 11:38-12:11. In *John* it is the power of miracles and the popularity of Jesus that threatens the authorities (see Riley 1995 and Pagels 2003).

Toulede *Jan* ak *Toma* di y ap bay yon istwa ki antre pi fon nan ansèyman Jezi a (Pagels 2003: 39). Toulede konsidere lektè yo deja konnen *Mak* (2003: 39). Koester remake malgre polemik ki separe *Jan* ak *Toma*, yo te sèvi ak menm sous la (site nan Pagels 2003: 40). Men yo chak te gen yon konklizyon diferan, tandiske *Jan* wè Jezi kòm sèl grenn "limyè [...] k ap klere tout moun" (*Jan* 1:9), nan *Toma* nenpòt moun disipline kapab tounen yon limyè, wè *Toma*, 2, 3 ak 5, 24:3, 33:2, 50:1, 61:5 ak 83:1-2. Men an menm tan, *Toma* mete Jezi anwo tout lòt moun, wè 77:1 pa egzanp.

Pasaj nan *Jan* ki atire anpil atansyon depi dekouvèt *Toma* a se kote otè *Jan* an sanble repwoche Toma. Ti istwa sa a parèt annik nan *Jan*. Riley (1995) note anpil save biblik deja remake fason *Jan* trete Toma kòm yon moun ki gen dout, sa vle di yon moun ki derefize kwè san l pa wè (1995: 103). Riley (1995) devlope yon analiz estwòdinè sou *Jan* 20:24-29. Li di ti istwa sa a se yon mesaj dekourajan otè *Jan* an te vle voye bay kominote Toma a. Dapre teyori Riley a, otè *Jan* an te vle fè sa paske li pa te dakò ak fason kominote Toma a te reprezante Jezi (107).

Nan *Jan*, apre Jezi leve soti vivan nan lanmò, nou li sa a: "Toma, yonn nan douz disip yo ki te gen non Jimo, pa t la avèk yo lè Jezi te vini an" (*Jan* 20:24). Sa grav anpil pou Toma paske vèsè sa a vin touswit apre Jezi fin beni lòt disip yo, apre li fin bay yo Sentespri a, epi pouvwa pou padonnen peche lòt moun (Riley 1994: 108). Dapre *Jan* Toma te manke gwo randevou sa a! Kidonk selon *Jan*, Toma te manke opòtinite vin yon apòt tout bon vre tankou lòt yo (Pagels 2003: 71).

Both *John* and *Thomas* say they are providing material that enters deeper into the teachings of Jesus (Pagels 2003: 39). Both take into account that the readers already know *Mark* (2003: 39). Koester observes that in spite of the polemic that separates *John* and *Thomas*, they used the same source (cited in Pagels 2003: 40). But they drew different conclusions from each other, while *John* sees Jesus as "light [...] which enlightens everyone" (*John* 1:9), in *Thomas* any disciplined person is capable of becoming a light, see *Thomas* 2, 3, 5, 24:3, 33:2, 50:1, 61:5 and 83:1-2. But at the same time, *Thomas* puts Jesus above other people, for example see 77:1.

The passage in *John* that attracts a lot of attention since the discovery of *Thomas* is where the author of *John* seems to reproach the disciple Thomas. This small story only appears in *John*. Riley (1995) notes that many biblical scholars have already observed the way that *John* treats Thomas like a person who has doubt, a person who refuses to believe without seeing (1995: 103). Riley (1995) develops an extraordinary analysis of *John* 20:24-29. He says this short story is a discouraging message the author of *John* was directing towards the Thomas community. According to Riley's theory, the author of *John* wanted to do that because he was not in agreement with the way that the Thomas community was representing Jesus (107).

In *John*, after Jesus rises from the dead, we read this: "But Thomas (who was called the Twin), one of the twelve, was not with them when Jesus came" (*John* 20:24). Already this is very serious indeed for Thomas because this verse comes immediately after Jesus has finished blessing the other disciples, after he has finished anointing them with the Holy Spirit and giving them the power to forgive sin (Riley 1994: 108). According to *John*, Thomas missed that meeting! Therefore according to *John* the disciple Thomas missed the opportunity to become a veritable apostle like the others (Pagels 2003: 71).

Jan ta sanble ap mennen yon kontmaltaye kont Toma. Men pou ki sa? Nan *Lik* 24:33-36, okontrè, Jezi parèt devan *onz* disip yo — kidonk *tout* disip yo sòf Jida ki te touye tèt li. Nan *Matye* 28:10 tou, Jezi parèt devan *onz* disip yo, pa *dis* (Pagels 2003: 71). Nan vèsyon orijinal *Mak* la, ki fini nan vèsè 16:8, pyès moun pa te wè Jezi resisite a menm. Antouka, akoz divèjans ki gen ant *Lik-Matye* ak *Jan*, save biblik tankou Riley ak lòt ankò vin sispèk otè *Jan* an ap voye toya kont Toma. *Jan* vle fè lektè l yo kwè Toma pa t la pou benediksyon Jezi te bay disip li yo, malgre sa nou li nan *Lik-Matye* ! Men si Toma te nan fèt la avèk lòt disip yo tankou *Levanjil Lik* ak *Matye* yo di l, pou ki sa nan *Levanjil Jan an*, Toma pa t la nan fèt la?

An nou gade pi pre kèk ti aspè nan ajansman istwa disip Toma a nan *Jan*. Mansyon "Jimo" a nan *Jan* enteresan anpil poutèt se konsa otè *Toma* a rele. Sonje nan *Jan* gen yon istwa kote Toma pa te vle kwè Jezi te leve soti vivan nan lanmò toutotan li pa te mete dwèt li nan plas kote klou yo te ye a (*Jan* 20:25). Yon senmenn pi ta, Toma wè Jezi epi Jezi ba l dwa touche kote l te blese yo. Otè *Jan* mete pawòl sa yo nan bouch Toma: "Senyè mwen, Bondye mwen!" (20:28). Kòm repons, nan *Jan* Jezi di, "Kounyeya, se paske ou wè m ki fè ou kwè? Benediksyon pou sila yo ki kwè san yo pa wè" (20:29). Men sonje, selon *Lik* ak *Matye*, Toma te la avèk lòt disip yo lè Jezi te fèk reparèt! Otè *Jan* an sanble vire istwa a pou l kritike Toma.

Annefè, sanble kominote Toma a pa t gen menm opinyon sou Jezi ak kominote Jan an. Moun Toma yo pa t vle souliyen entèpretasyon fizik leve soti vivan nan lanmò a (Riley 1995: 105). Pou Riley, kominote kretyen ki te itilize liv *Toma* a te gen yon lòt kwayans sou koze leve soti vivan nan lanmò a. Moun Toma yo te pran l kòm yon nosyon espirityèl, pa yon nosyon fizik (107). Dayè, Riley fè konprann lide leve soti vivan nan lanmò a pa te fizik, men se te espiritèl pou premye kominote kretyen yo (107). Kominote kretyen yo ki te egzije *kò* Jezi ki te leve soti vivan nan lanmò a te vini *pi ta* (107). Alò pou Riley, fason *Jan* reprezante dout Toma te genyen, fè pati yon agiman sou rezirèksyon fizik. Se yon deba ki te konmanse nan premye syèk Krisyanis la epi ki te dire 400 lane (1995: 116).

John seems to be trying to frame Thomas. But why? In *Luke* 24:33-36, on the contrary, Jesus appears before *eleven* disciples — thus all of the disciples except Judas who had killed himself (Pagels 2003: 71). Also in *Matthew* 28:10 Jesus appears before *eleven* disciples, not *ten* (Pagels 2003: 71). In the original version of *Mark*, which finishes at verse 16:8, nobody had even seen the resurrected Jesus. In any event, because of the divergences between *Luke-Matthew* and *John*, scholars like Riley and others suspect an anti-Thomas polemic is pursued by the author of *John*. *John* wants to make his readers believe Thomas was not present for the blessing Jesus gave his disciples, in spite of what we read in *Luke* and *Matthew* ! But if Thomas was at the celebration with the other disciples, as *The Gospel of Luke* and *Matthew* say so, why in *The Gospel of John*, is Thomas not at the celebration?

Let us look a little closer at a few aspects of the presentation in the story of the disciple Thomas in *John*. The mention of the "Twin" in *John* is very interesting because it is in that way that the author of *Thomas* is named. Recall in *John* there is a story about how Thomas would not believe that Jesus rose from the dead unless he himself were to put his finger in the wounds (*John* 20:25). One week later, Thomas saw Jesus and Jesus gave him the chance to put his finger in his wounds. The author of *John* put these words into the mouth of Thomas: "My Lord and my God!" (20:28). In response, *John* has Jesus say, "Have you believed because you have seen me? Blessed are those who have not seen and yet have come to believe" (20:29). But remember, according to *Luke* and *Matthew*, Thomas *was* there with the other disciples when Jesus had just reappeared! The author of *John* spins the story in order to criticize Thomas.

In effect, it seems that the Thomas community did not hold to the same opinions on Jesus as the John community. Thomas' people did not want to underline the physical interpretation of the resurrection (Riley 1995: 105). For Riley, the Christian communities that used *Thomas* held a different belief with respect to the resurrection: Thomas' people took it as a spiritual notion, not a physical notion (107). The Christian communities that required that the *body* of Jesus rose from the dead came *later* (107). Thus for Riley, the way *John* represents the doubt of Thomas, belongs to an argument on physical resurrection, it is a debate that began in the first century of Christianity and lasted 400 years (1995: 116).

Tandiske *Jan* mande pou moun yo "kwè san yo pa wè," *Toma* mande pou moun yo "konnen tèt yo menm," (3; 67; 111), "dekouvri yo menm" (111), "fè limyè a manifeste nan yo menm" (70), "Limyè egziste anndan yon moun" (24) (Riley 1995: 120). Nan *Jan*, Toma reprezante yon lavi espirityèl ki pa bezwen mache ak lafwa kòm yon gid *espirityèl* (121). Dapre *Jan*, gen yon sèl chemen ki mennen nan Bondye: se "Jezi" ki soti nan lanmò a, Jezi ki mache ankò nan vye kò ki te mouri a. Dapre *Toma*, chak moun kapab egal ak Jezi, chak moun ka rive jwenn Bondye nan yo menm (Riley 1995: 122-3). Nan *Toma* Jezi se "limyè a" (77), disip yo se moun ki senbolize limyè a (24). Lè Toma rele Jezi "mèt," Jezi di l, "Mwen pa mèt ou. Paske ou te bwè, epi vin sou nan sous k ap koule mwen te mezire a" (13).

Dapre *Jan* Jezi te genyen yon disip li te renmen anpil (wè 21:20a). Nan liv *Jan* an, Pyè mande Jezi: "sa ki pral rive disip ou renmen an?" — Jezi repwoche Pyè, li di, "Si m vle li rete vivan jouk lè m gen pou m tounen ankò, ki sa ou kenbe nan sa (sa sa gade ou)?" (21:21). Dayè, nan *Jan*, nou li "disip Jezi te renmen an," se li menm ki te ekri *Jan* ! Pagels (2003: 62) di istwa sa yo montre yon rivalite ant *Jan* ak *Toma*. Sanble otè *Jan* an te vle distenge kominote pa l la avèk kominote Toma a epi ak pa Pyè a tou. Li ta sanble *Jan* vle moun yo wè l kòm privilejye.

Toma gen tras rivalite a tou. Nan *Toma* 13, tankou nou te wè deja, gen yon ti istwa kote Jezi fè yon distenksyon ant disip li yo. Jezi mande disip li yo pou yo konpare oubyen evalye li menm. Simon Pyè di Jezi se yon mesaje (13:2). Matye di Jezi se yon filozòf ki saj (13:3). Toma di bouch li pa ka di ki moun Jezi ye menm (13:4). Alò Jezi di Toma te bwè nan menm sous dlo li te fè koule a (13:5). Ala yon konpliman! Apre sa, Jezi mennen Toma yon kote pou li pale sèl ak li (13:6). Lè l retounen, lòt konpay yo te mande Toma sa Jezi te di li (13:7). Lè sa a, Toma di yo si l di yo pawòl Jezi te di li yo, yo pral pran wòch pou yo kalonnen li (13:8). Sekrè Toma resevwa nan men Jezi, dapre *Toma*, se bagay ki gen plis valè pase sa Simon Pyè ak Matye te resevwa (Pagels 2003: 47).

While *John* asks for people to "believe without seeing," *Thomas* asks for people "to know themselves" (3; 67; 111), "to find themselves" (111), "to bring it into being within themselves (70), "the light exists within you" (24) (Riley 1995: 120). In *John*, Thomas represents a spiritual life that does not require walking with faith as a spiritual guide (121). According to *John*, there is one path that leads to God: it is the "Jesus" who rose from the dead, Jesus who once again walks in the old body that died. According to *Thomas*, each person can be equal with Jesus, each person can seek God within (Riley 1995: 122-3). In *Thomas* Jesus is "The Light" (77), the disciples are the "people of light" (24). When Thomas calls Jesus "master," Jesus says to him, "I am not your teacher. For you have drunk, you have become intoxicated at the bubbling spring that I have measured out" (13).

According to *John* Jesus had a disciple that he loved (see 21:20a). In *John*, when Peter asks Jesus what is going to happen to the disciple Jesus loves, Jesus reproaches Peter, he says, "If it is my will that he remain until I come, what is that to you? (21:21). Furthermore, in *John* we read "the disciple Jesus loves" was he who wrote *John*! Pagels (2003: 62) says that those stories show a rivalry between *John* and *Thomas*. It seems that the author of *John* wanted to distinguish his community from the Thomas and Peter communities. *John* wants people to see himself as the privileged one.

Thomas also has traces of the rivalry. In *Thomas* 13, as we have just noted, there is a story where Jesus makes a distinction among his disciples. Jesus asks his disciples to compare or evaluate him. Simon Peter says Jesus is a messenger (13:2). Matthew says Jesus is a wise philosopher (13:3). Thomas says his mouth cannot bear at all to say who Jesus is (13:4). Jesus tells Thomas that he has drunk from the same spring that Jesus measured out (13:5). What a compliment! Then Jesus takes Thomas to one side so that he can speak to him alone (13:6). When he returns, Jesus' other companions ask Thomas what Jesus said to him (13:7). At that time, Thomas tells them that if he recounted the words Jesus said to him, they would take stones and throw them at him (13:8). The secrets that Thomas received from Jesus, according to *Thomas*, are things that have more value than what Simon Peter and Matthew received (Pagels 2003: 47).

Dekouvèt *Toma* te konfime sa liv kanonik yo fè n sispèk: Krisyanis la te konmanse nan yon kontèks kote yon dividal gwoup diferan t ap preche yon bann ansèyman ak pawòl diferan. Jezi se te sous enspirasyon yo tout, men chak gwoup yo te entèprete lavi ak ansèyman Jezi yon fason diferan. Nan chwazi plizyè disip, Jezi li menm louvri wout pou divès entèpretasyon mesay li yo.

Pou ki sa yo te kache *Toma*?

Kesyon sa a pa gen yon repons egzat, sèlman gen yon seri ipotèz plizyè istoryen vanse ki sanble pwobab. Nou pa kapab bay tout detay sou premye kat syèk istwa mouvman kretyen an isit la, men n ap site kèk pwen ki enpòtan. Nan konmansman Krisyanis la, te gen yon bann gwoup diferan ak lide diferan.

Esepte twa ti vèsè grèk nou te genyen anvan dekouvèt Nag Hamadi a, save Legliz la nan tan lontan, moun yo konsidere kòm "gwo entèlektyèl" Legliz Katolik la jounen jodi a, te kite kèk deskripsyon oubyen denonsyayon *Toma* nan tèks yo kite dèyè yo. Iranèyous [Irenaeus] te yon lidè ak yon konmantatè enpòtan nan mwatye dezyèm syèk la, sa vle di nan ane 150 rive 200. Li enpòtan paske chwa liv li te fè a te genyen yon gwo efè sou Krisyanis la. Iraneyous te premye moun ki te deklare se sèlman *Matye, Mak, Lik,* ak *Jan* ki fòme tout levanjil la, se yo sèl ki kanonik. Kanon kat levanjil sa yo te yon zouti pou inifye ak konsolide tout divèsite mouvman kretyen an (Pagels 2003: 81). An menm tan, Iranèyous te kritike epi atake yon seri liv kretyen ki pa te suiv chemen Òtodòks la, yon chemen li renmen anpil. Nan liv li yo, li atake *Liv Sekrè Jan an, Levanjil Verite a* ak anpil lòt liv swadizan Nòstik (Pagels 2003: 97). Anfèt, Iranèyous te atake plizyè liv yo te jwenn nan Nag Hamadi. Iranèyous te premye moun ki te deklare ki liv ki otantik ak ki liv ki pa otantik. Iranèyous te vle eliminen nan legliz kretyen an tout divèsite, kwayans ki diferan, tèks ak tradisyon ki te egziste nan epòk li.

The discovery of *Thomas* confirmed what the canonical books had made scholars suspect: Christianity began in a context in which a number of different groups were preaching a variety of different teachings and messages. Jesus was the source of all those inspirations, but the meaning of the life and teachings of Jesus was interpreted in a different way according to the group. By choosing several disciples, Jesus himself opened the way for diverse interpretations of his messages.

Why was *Thomas* hidden?

That question does not have an exact answer, there are only a series of hypotheses that various historians advance which seem probable. We cannot give all the details on the first four centuries of the Christian movement right here, but we are going to make mention of a few important points. In the beginning of Christianity there were a great number of different groups with different ideas.

Except for the three small verses in Greek that we had before the Nag Hammadi discovery, the scholars of the ancient Church, the people who are considered the "great intellectuals" of the Catholic Church in this day, left behind a few descriptions or denunciations of *Thomas* in their own writings. Irenaeus was a leader and an important commentator for half of the second century, from 150 to 200. It is important because the choice of books he made had a big effect on Christianity. Irenaeus was the first person who declared it is only *Matthew, Mark, Luke* and *John* that make up the Gospel, that they are the only canonical gospels. The four Gospel canon was a tool to unify and consolidate all the diversity of the Christian movement (Pagels 2003: 81). At the same time, Irenaeus criticized and attacked a number of Christian books that did not follow the path of Orthodoxy, a path he loved very much. In his books, he attacks *The Secret Books of John, The Gospel of Truth* and many other so called Gnostic books (Pagels 2003: 97). In fact, Irenaeus attacked several books that were found in Nag Hammadi. Irenaeus was the first person who declared which books were authentic and which books were inauthentic. Irenaeus wanted to rid the Christian church of all the diversity and divergence of beliefs, texts and traditions that existed in his period.

Iranèyous te vle kwape gwoup kretyen yo ki te kwè yo te gen yon ansèyman sekrè, tèks sekrè, tradisyon sekrè. Nan *Toma* vèsè en (1) nou twouve tras lide sa a: "Sa se pawòl sekrè Jezi vivan an." Koze "sekrè" a oubyen "kache" a parèt nan plizyè tèks yo twouve nan Nag Hamadi. San dout, anpil pratikan kretyen te vle suiv gwoup ak "ansèyman sekrè" sa yo poutèt sa te ajoute yon aspè *mistik* nan lafwa yo. Epi dayè, moun ki te swaf nouvo konesans te anvi tande ak li tèks sekrè sa yo paske yo te enteresan anpil. Iranèyous pa t vle tande pale okenn seremoni oubyen inisyasyon espesyal, okenn ansèyman sekrè, okenn randevou li pa t otorize. Iranèyous te kont tout divèsite ak libète sa yo, li te dedye lavi li pou l te kapab kaba kesyon divèsite a ki egziste nan mouvman kretyen an (Pagels 2003: 154-56).

Yon lòt konmantatè, Tètilyann [Tertullian], pa te renmen wè fi ak gason patisipe ansanm nan sèk filozofik kretyen yo, li te fache wè fanm yo anseye, preche ak batize moun tou (Pagels 2003: 159). Li te viv nan menm epòk la ak Iranèyous, vè lane 190 apre Jezi (Pagels 2003: 77).

Alò depi nan dezyèm syèk la, gen yon seri de moun nan mouvman òtodòks la ki te gen enfliyans epi ki te vle òganize relijyon krisyanis la nan fason pa yo. Gwoup moun sa a te rive atenn objèktif yo a gras a yon seri evènman totalkapital. Anvan ane 312 la, leta women an te pèsekite Kretyen yo. Te gen kretyen yo te fè tounen mati. Pagels (2003) di nan anpi women an te gen anpil kote yo te maspinen Kretyen yo epi fè lyon manje Kretyen yo nan estad pa yo (82-83). Konvèsyon pi gwo chèf politik ak militè women an, anperè Konstanten, 28 oktòb nan lane 312 la, te fasilite kouran òtodòks la. Epòk sa a, Òtodòksi a te enkane nan Legliz Katolik Womèn nan. Apre l te konvèti an fran Katolik, Konstanten te deklare yon amnisti pou Kretyen yo. Men Konstanten te sèlman rekonnèt moun ki te fè pati Legliz Katolik la, li pa t rekonnèt lòt legliz kretyen yo.

Irenaeus wanted to block the Christian groups who believed they had secret teachings, secret texts, and secret traditions. In *Thomas* logion (1) we find a trace of that idea: "These are the hidden words that the living Jesus spoke." The topic of "secret" or "hidden" things appears in several texts found in Nag Hammadi. Without a doubt, many practicing Christians wanted to follow groups with copies of those "secret teachings" because that added a *mystical* aspect to their faith. Furthermore, those secret texts were very interesting; that means the possibility to read or hear those beautiful texts attracted people thirsty for new knowledge. Irenaeus did not want any special ceremony or initiation, any secret teaching, any meeting that was not authorized. Irenaeus did not want that kind of freedom, so he dedicated his life in order to put an end to the diversity that existed in the Christian movement (Pagels 2003: 154-56).

Another commentator, Tertullian, did not like to see females and males participating together in the circle of Christian philosophers, he was angry to see the women teaching, preaching and baptizing too (Pagels 2003: 159). He lived in the same period as Irenaeous toward the year 190 A.D. (Pagels 2003: 77).

So since the second century, there were a number of people in the Orthodox movement who had influence and who wanted to organize the Christian religion in their own way. That group of people succeeded in attaining their objectives thanks to a series of major events. Before the year 312, the Roman state persecuted the Christians. There were Christians who were made into martyrs. Pagels (2003) says that in the Roman Empire there were a lot of places where Christians were tortured and were fed to lions in stadiums (82-83). The conversion of the biggest political and military leader, Emperor Constantine, on the 28th of October in the year 312, facilitated the Orthodox currents. In that period, Orthodoxy was incarnated in the Roman Catholic Church. After he had converted himself into an upstanding Catholic, Constantine declared an amnesty for the Christians. But Constantine only recognized people who belonged to the Catholic Church. He did not recognize the other Christian churches.

Dapre Pagels se paske Legliz Katolik te deja gen gwoup kretyen ak plis òganizasyon epi pouvwa sou teren an (2003: 168). Konstanten te mande sèten Evèk Katolik pou yo distribye manje avèk lòt nesesite pou kore moun ki te nan bezwen, konsa li t ap swiv ansèyman Jezi a (Pagels: 2003: 169). Moun ki te sibi maspinay, prizon oswa egzil diran ane pèsekisyon yo, te jwenn yon kout men (Pagels 2003: 169). Lè Legliz Katolik la vin Legliz ofisyèl Lanpi Women an nan lane 312, li vin yon enstitisyon ki deplizanpli marye ak leta, ak politik, ak pouvwa, ak richès. Mouvman moun ki t ap preche òtodoksi a, yo twouve yo monte nèt nan sosyete a. Toudenkou pi gwo chabrak politik ak militè nan lemonn mediteraneyen an te sipòte yo ofisyèlman, militèman, ekonomikman. Konsa, mouvman pou chwazi liv ofisyèl Katolik yo te derape rapid.

Te gen yon ensidan enpòtan nan lane 318. Yon pè katolik nan zòn Lalibi ki rele Aryous [Arius] te di Pawòl Bondye a (*Kris la*) pa sakre nan menm sans Bondye li menm li sakre a. Evèk Aleksann, ki te Evèk lavil Aleksanndri nan Lejip, avèk elèv li, Atanazyous, yo te deside voye Aryous ale poutèt ansèyman li yo. Te gen yon gwo leve kanpe pou yo te fè pè Aryous tounen nan pozisyon li, men Aleksann te derefize fè sa.

Nan mwa jen nan lane 325, anperè Konstanten te reyini yon konsèy entènasyonal Evèk Katolik yo nan zile Niseya [Nicea] pou yo chita koze sou kwayans Legliz Katolik la. Li te pare yon gwo koudjay pou l byen resevwa yo. Kòm gwo tèt nan Legliz la, Konstanten te envite Aleksann ak Atanazyous. Aleksann ak Atanazyous te byen cho pou yo transfòme lide pa yo an kredo. Yo te ensiste sou pozisyon sa a: Pawòl la (Kris la) egal Bondye. Aleksann te ensiste sou pwen sa a: Kris la se menm ak Bondye, pou sa kredo niseyen an di Jezi Kri se "yon sèl ak Papa a" ["of one Being with the Father] (*Book of Common Prayer* 1979: 358-59).

According to Pagels, the Catholic Church already had more organization and power on the ground (2003: 168). Constantine asked certain Catholic Bishops to distribute food and other necessities to support people in need, in that way he was following the teachings of Jesus (Pagels: 2003: 169). People who had suffered a beating, prison or exile during the years of persecution, found a helping hand (Pagels 2003: 169). When the Catholic Church became the official church of the Roman Empire in the year 312, it became an institution more and more enmeshed with the state, with politics, with power, and with wealth. The people who had been preaching Orthodoxy found themselves rising all the way up in the society. Suddenly the biggest political and military honchos in the Mediterranean world were supporting them officially, militarily, economically. In that way, the movement to choose the official Catholic books took off quickly.

There was an important incident in the year 318. A Catholic priest in the region of Libya named Arius said that the Word of God (*The Christ*) is not sacred in the same sense that God is. The Bishop Alexander, who held his post in Alexandria, Egypt, and his student, Athanasius, decided to get rid of Arius because of his teachings. There was a big upheaval to return Arius to his position, however, Alexander refused to do that.

In the month of June in the year 325, Emperor Constantine called together an international council of the Catholic Bishops on the island Nicea so that they could discuss the beliefs of the Catholic Church. He prepared a large feast to welcome them. As big names in the Church, Alexander and Athanasius were enthusiastic about transforming their own ideas into Creed. They pushed this position: the Word (the Christ) equals God. Alexander insisted on this point: the Christ is the same as God, for that the Nicene Creed says that Jesus Christ is "of one Being with the Father" (*Book of Common Prayer* 1979: 358-59).

Apre anpil deba ki te chofe, pou yo prezève inite a, konsèy la te vin adopte pozisyon Aleksann ak Atanazyous la, pozisyon Òtodoks la (wè Pagels 2003: 171-175). Kanmenm te gen anpil divèjans menm *anndan* Legliz Katolik la. Anperè Konstanten te nan konsèy la tou epi l te dakò ak tout sa yo t ap fè. Kòm yon lidè pragmatik, Konstanten pa t foure bouch li twòp nan koze teyolojik, mistik ak ezoterik, tankou deba sou nati divinite Jezi a (Pagels 2003: 173).

Anfen, konsèy Niseya a fè kèk jefò pou yo kreye yon lis tèks sakre, "liv kanon" ki dapre yo menm pawòl ki kouche anndan liv sa yo soti nan bouch Bondye. Yo te konpoze oswa redije kèk nan *kredo* katolik yo. Katolik ak Episkopal yo toujou resite kredo sa yo nan Lanmès pa yo jounen jodi a.

De tout fason, Aleksann ak Atanazyous te rantre lakay yo nan Alekzanndri, Lejip. Apre Aleksann mouri, Atanazyous te pran pozisyon li, li te vin Evèk. Te toujou genyen yon pakèt chirepit ant patizan Atanazyous ak patizan Aryous yo, pè yo te kapote a. Kwak Atanazyous pèdi djòb Evèk la omwens twa fwa pandan lavi li, men li rive rete nan pozisyon an kanmenm akoz fòs pouvwa li te gen nan men li. Dènye fwa Atanazyous reprann pozisyon Evèk la, Evèk li ranplase a mouri nan yon kondisyon ki dwòl. (Nou pa konnen, epi nou prèske pa kwè Atanazyous mele nan zak sa a).

Akoz tout batay sa yo, Atanazyous te detèmine pi plis pou li fini ak patizan Aryous yo tout bon vre. Nan lane 367, lè sa li te gen swasant an. Epi l te byen chita kòm Evèk, li te ekri yon lèt kote li te denonse jan sèten kretyen t ap mele lekti liv kanonik yo ak liv apokrif yo. Liv apokrif yo, se liv kèk otorite te rekonnèt kòm sakre, men pa *kanonik*. Nan menm lèt sa a, Atanazyous te vin premye moun ki fè lis 27 liv ki te vin *Nouvo Kontra a*. Atanazyous di tou: se pou Legliz la fè *Nouvo Kontra a* mache kole ak kanon ebre a, sa yo rele *Ansyen Kontra a*, pou yo fè *Bib la* avèk moso sa yo.

After much heated debate, in order to preserve unity, the council came to adopt the position of Alexander and Athanasius, the Orthodox position (Pagels 2003: 171-175). Nonetheless there was much divergence even *within* the Catholic Church. Emperor Constantine was at the council too and he was in agreement with everything they did. As a pragmatic leader, Constantine did not get too involved in theological, mystical and esoteric issues, such as the debate on the divine nature of Jesus (Pagels 2003: 173).

Finally, the Nicene council made a few efforts to create a list of sacred texts, a *canon* of books they considered to speak the words of God. They wrote or edited a few of the Catholic Creeds. Catholics and Episcopalians still recite those creeds in their Masses in our present day.

In any case, Alexander and Athanasius returned home to Alexandria, Egypt. After Alexander died, Athanasius took over his position, he became the Bishop. There was always a huge conflict between the followers of Athanasius and the followers of Arius, the priest they deposed. Consequently Athanasius lost and regained the job of Bishop at least three times in the course of his life! The last time Athanasius regained the position of Bishop, the Bishop he replaced died in a strange circumstance. (We do not know, and we almost do not believe Athanasius was involved in that act).

As a result of all those fights, Athanasius was determined even more to put an end to the followers of Arius once and for all. It was the year 367, he was 60 years old. At that time he was well installed as Bishop; he wrote a letter where he denounced the way certain Christians were mixing the reading of canonical and apocryphal books. The apocryphal books are works a few authorities recognized as Christian, but not *canonical.* In that same letter, Athanasius became the first person to make a list of the 27 books that came to be *The New Testament.* Athanasius also said that the Church needs to attach *The New Testament* to the Hebrew canon, what is known as *The Old Testament,* in order to make *The Bible* with those parts.

Alò, rezon nou bay lektè yo tout istwa sa yo, se paske Atanazyous pa te rekonnèt kanonisite *Toma*. Epi tou, Atanazyous te di, nan menm lèt sa a, se pou fran Katolik yo "pwòpte tout vye mès" epi rejete liv Apokrif yo, liv tankou *Toma* (Pagels 2003: 176-7). Se konsa, nan yon monastè tou pre Nag Hamadi, Lejip, nan lane 367, pou pi piti yon mwàn te deside rejete demann Evèk Atanazyous la. Mwàn sa a te deside kache 50 tèks nan yon ja epi li tere ja sa a sou bò yon mòn pou l pwoteje liv yo (Ross 1990: 19). Se gras a desizyon saj mwàn ejipsyen sa a jouk jounen jodi a pèsonn pa konnen non li, ki fè nou kapab gen chans li *Toma* ankò. *Levanjil Toma* ak tout lòt liv Nag Hamadi yo te tere pandan 1600 lane, men depi lane 1945 yo avè n ankò.

Konkilzyon

Nan entwodiksyon an, nou pale sou istwa *Levanjil Toma a* nan yon fason ki klè. Nou pa t bay tèt nou objèktif pou n parèt ak nouvo lide sou travay rechèch ki deja fèt sou levanjil sa a. Nou te vle sèlman dokimante listwa konmansman Krisyanis la san nou pa mete lafwa nou anlè sou lafwa pèsonn. Lè se nesesè, nou site kèk espè nan domèn nan paske yo reprezante teyori biblik ak istorik ki pi konvenkan yo. Men, sa pa vle di travay yo pa gen erè, oswa pa gen kèk entèpretasyon ki pa kadre ak laverite. Yon travay syantifik pa janm rezoud yon pwoblèm a 100%. Nou eseye dekouvri laverite a, men laverite sa toujou ret nan djakout 16 syèk pase yo. Nou kwè travay sa pral ankouraje lòt rechèch fèt sou *Toma* yon fason pou n sa gen yon konpreyansyon pi pouse sou sous levanjil sa a.

Therefore, the reason we give the readers all those stories, is because Athanasius did not recognize the canonicity of *Thomas*. What's more, Athanasius said, in that same letter, that hardcore Catholics ought to "cleanse the Church from every defilement" and reject the apocryphal Christian books, books like *Thomas* (Pagels 2003: 176-7). In that way, in a monastery very close to Nag Hammadi, Egypt, in the year 367, at the very least one monk or nun decided to reject the demand of Bishop Athanasius. That monastic decided to hide 50 texts in a clay jar and to bury that clay jar on the side of a mountain in order to protect its contents (Ross 1990: 19). It is thanks to the decision of that wise, unknown Egyptian monastic that we have the chance to read *Thomas* again. *The Gospel of Thomas* and all the other books were buried at Nag Hammadi for 1,600 years, but since 1945 they are with us again.

Conclusion

In this introduction, we have described the history of *The Gospel of Thomas* in a straightforward way. We do not pretend to contribute significantly to the scholarly exegesis of this gospel. We have documented the history of the emergence of Christianity without any dogmatic claim or proselytism. When necessary, we cite the renowned experts in the field because they present the historical and biblical theories that are the most convincing — but that does not mean that their works are free from mistakes and erroneous interpretations. Scientific work is always in the making. We try to unveil the truth; but the truth is hidden in the woven straw bag of 16 centuries. We hope this modest work will incite more research in such a way that a deeper understanding of the sources of *The Gospel of Thomas* emerges.

Dekouvèt *Levanjil Toma a* ak lòt liv yo jwenn nan bibliyotèk Nag Hamadi yo louvri yon chemen sou konmansman Krisyanis la. Liv sa yo montre gwo divèsite ki te genyen nan premye kat syèk yo. Divèsite ideyolojik ki chita nan liv sa yo ap montre gwo fòs kreyativite ki te gen byen bonè nan peryòd kretyen an.

Dekouvèt Nag Hamadi a mande pou n pran an konsiderasyon sa nou tande, li ak kwè. *Levanjil Toma a* se yon tèks ki mande nou pou n reflechi sou kalite manèv ki te itilize pou abouti sou 27 liv ki fè pati *Nouvo Kontra a*. *Levanjil Toma a* dwe fè n reflechi sou divèsite ideyolojik, espirityèl ak enstitisyonèl ki te egziste nan peryòd Krisyanis la anvan kouran òtodòks la ak gouvènman women an gen kontwòl yo sou li san gade dèyè.

Levanjil Toma a ak lòt liv Nag Hamadi yo revele fòs kreyativite ki te egziste nan ansyen peryòd Krisyanis la. Liv sa yo ki te pèdi depi yon peryòd 1600 lane montre gwo danje mouvman otodòks la ak fondamantalis la reprezante pou libète.

The discovery of *The Gospel of Thomas* and the other books of the Nag Hammadi library opened a new window on the beginnings of Christianity. Those books show ideas varied greatly in the first four centuries. The diversity of ideas in those books demonstrates the huge creative force of the early Christian period.

The Nag Hammadi discovery requires that we reconsider what we have heard, read and believed. *The Gospel of Thomas* is a work that asks us to reflect on the machinations that led to the 27 book *New Testament*. *The Gospel of Thomas* should make us reflect on the ideological, spiritual and institutional diversity that existed in Christianity before its usurpation by Orthodox currents and the Roman government in the fourth century.

The Gospel of Thomas and the other books of Nag Hammadi reveal the creativity that pulses in ancient Christianity. The loss of those books for the period of 1,600 years shows the great danger Christian Orthodoxy or Fundamentalism represent for freedom.[1]

[1] We would like to thank Dr. Michel Weber for his valuable editorial contributions to this introduction. We would also like to thank Fabrice Policard for reading the Creole proofs and Cécile De Cordier and Rachel Bonduau for reading the French proofs.

Bibliyografi / Bibliography

Anonim / Anonymous. 1999. *Bib la.* Port-au-Prince: Société Biblique Haïtienne.

Anonim / Anonymous. 1989. *The Holy Bible: New Revised Standard Version.* New York: Oxford University Press.

Anonim / Anonymous. 1979. *The Book of Common Prayer and Administration of the Sacraments and Other Rites and Ceremonies of the Church.* New York: The Church Hymnal Corporation.

Bethge, Hans-Gebhard *et al.* 1998. *The Gospel of Thomas.* See Patterson.

Freeman, Bryant and Jowel Laguerre. 2002. *Haitian – English Dictionary.* Lawrence, Kansas: Institute of Haitian Studies.

Hoover, Roy W. and Robert W. Funk. 1997 (1993). *The Five Gospels: what did Jesus really say (Jesus Seminar Series).* San Francisco: HarperCollins.

Mack, Burton. 1993. *The Lost Gospel: the Book Q & Christian Origins.* San Francisco: HarperSanFrancisco.

Pagels, Elaine. 2003. *Beyond Belief: The Secret Gospel of Thomas.* New York: Random House.

Patterson, Stephen J., James Robinson, Hans-Gebhard Bethge. 1998. *The Fifth Gospel, The Gospel of Thomas Comes of Age.* Harrisburg, Pennsylvania: Trinity Press International.

Pétrement, Simone. 1984. *Le Dieu séparé. Les origines du gnosticisme.* Paris: Les Éditions du Cerf, Patrimoines. [1990. *A Separate God. The Christian Origins of Gnosticism.* Translated by Carol Harrison. San Francisco: Harper & Row.]

Riley, Gregory. 1995. *Resurrection Reconsidered: Thomas and John in Controversy.* Minneapolis: Fortress Press.

Robinson, James M., General Editor. 1990. *The Nag Hammadi Library.* San Francisco: HarperCollins.

Robinson, James M. 1964. *Logoi Sophon:* Zur Gattung der Spruchquelle. p 77-96 in E. Dinkler, ed., *Zeit und Geschichte. Dankesgabe an Rudolf Bultmann.* Tübingen: Mohr.

Ross, Hugh McGregor. 1990 [1978]. *Thirty Essays on the Gospel of Thomas.* Longmead, Dorset: Element Books.

Ross, Jim D. and Bryant C. Freeman. 2002. *Konkòdans Bib la.* Berlin, Ohio: Christian Aid Ministries.

Stollman, Jos. 2003. *Het Evangelie van Thomas.* http://www.thomasevangelie.nl/tekst0.htm

The Gospel of Thomas in English
Translated from the Coptic
by Hans-Gebhard Bethge

Levanjil Toma a an kreyòl ayisyen
Tradiksyon sa a chita sou vèsyon angle Bethge a
Benjamin Hebblethwaite ak Jacques Pierre

Évangile selon Thomas en français
Traduction basée sur la version anglaise de Bethge
par Michel Weber

The Gospel of Thomas
English Translation[i]

Incipit, "Logion 1"
These are the hidden words that the living Jesus
spoke. And Didymos Judas Thomas wrote them
down.
And he said: "Whoever finds the meaning of
these words will not taste death."

Logion 2
(1) Jesus says[ii]: "The one who seeks should not
cease seeking until he finds. (2) And when he
finds, he will be dismayed. (3) And when he is
dismayed, he will be astonished. (4) And he will
be king over the All."

Logion 3
(1) Jesus says: "If those who lead you say to you:
'Look, the kingdom is in the sky!,' then the birds
of the sky will precede you.
(2) If they say to you: 'It is in the sea,' then the
fish will precede you.
(3) Rather, the kingdom is inside of you and
outside of you."
(4) "When you come to know yourselves, then
you will be known, and you will realize that you
are the children of the living Father.

BORDERS® **Waldenbooks**® BRENTANO'S

friends & family days

November 9–14

20%off

regular prices
see reverse for details

30261

friends & family days

November 9–14

20% off

regular prices

BORDERS.
Waldenbooks
BRENTANO'S

*Discount on electronics and video games is 10%. Excludes gift cards, periodicals, special orders not in stock, and shipping. May not be combined with other coupons, Borders Rewards offers or standard group discounts. Void if copied, transferred, and where prohibited by law. Any other use constitute fraud. Cash value .01¢. Not redeemable for cash. Valid only at U.S. stores 11/9–11/14/05.

Borders cashiers:
This is a programmed coupon. Simply scan the barcode at any time.

Waldenbooks and Borders Express booksellers:
Use Group Discount and Discount Code 57 to discount all valid, regularly priced items.

3660053100000000000

Levanjil Toma a
Tradiksyon an kreyòl ayisyen

Entwodiksyon, Pawòl 1
Pawòl sa yo se pawòl sekrè Jezi
vivan an te di. Epi Didimòs Jid
Toma kouche yo sou papye.
Jezi di, "Moun ki jwenn sans
pawòl sa yo p ap konn sa ki rele
lanmò."

Pawòl 2
(1) Jezi di, "Moun k ap chache pa
dwe sispann chache jouk li jwenn
sa l ap chache a. (2) Lè l tonbe
sou sa l ap chache a, l ava
twouble. (3) Apre l twouble, l ava
sezi. (4) Epi li pral renye sou tout
bagay."

Pawòl 3
(1) Jezi di, "Si moun k ap dirije w
yo, di w: 'Gade, se nan syèl la
wayòm nan ye,' kidonk zwazo yo
k ap vole anlè a pral rive anvan w
nan wayòm nan.
(2) Si yo di w: 'Se nan lanmè a li
ye,' Kidonk pwason yo ap rive
anvan w nan wayòm nan.
(3) Okontrè, wayòm nan, li
alafwa anndan n ak deyò nou
menm."
(4) "Lè nou rive konnen tèt nou,
yo pral vin konnen nou, epi lè sa
nou pral rann nou kont nou se
pitit Papa a ki vivan an.

Évangile selon Thomas
Traduction française

Incipit, « Logion 1 »
Voici les paroles cachées que Jésus
le Vivant a dites. Et Didyme Jude
Thomas les a écrites.
Et il a dit : « Quiconque trouve le
sens de ces paroles ne goûtera pas
la mort. »

Logion 2
(1) Jésus dit : « Celui qui cherche
ne devrait pas s'arrêter de chercher
avant d'avoir trouvé. (2) Et quand
il trouvera, il sera consterné. (3) Et
quand il sera consterné, il sera
stupéfait. (4) Et il règnera sur le
Tout. »

Logion 3
(1) Jésus dit : « Si ceux qui vous
dirigent vous disent : "Regardez, le
royaume est dans le ciel", alors les
oiseaux vous précéderont.
(2) S'ils vous disent : "Il est dans la
mer", alors les poissons vous
précéderont.
(3) Au contraire, le royaume est
au-dedans de vous et au-dehors de
vous. »
(4) « Lorsque vous vous connaîtrez
vous-mêmes, alors vous serez
connus, et vous réaliserez que
vous êtes les enfants du Père
vivant.

(5) But if you do not come to know yourselves, then you exist in poverty and you are poverty."

Logion 4

(1) Jesus says: "The person old in his days will not hesitate to ask a child seven days old about the place of life, and he will live.
(2) For many who are first (in place) will become last,
(3) and they will become a single one."

Logion 5

(1) Jesus says: "Come to know what is in front of you and that which is hidden from you will become clear to you. (2) For there is nothing hidden that will not become manifest."

Logion 6

(1) His disciples questioned him, (and) they said to him: "Do you want us to fast? And in which way should we pray and give alms? And what diet should we observe?"[iiii]

(5) Men toutotan nou pankò rive konnen tèt nou, enben nou ak lamizè fè youn, epi nou se senbòl lamizè a menm."

Pawòl 4

(1) Jezi di: "Yon vye granmoun p ap ezite mande yon ti bebe ki gen sèt jou depi li fèt ki sans lavi a genyen. E l ava viv lontan. (2) Paske anpil moun ki premye pral vin dènye, (3) epi y ava fè yon sèl."

Pawòl 5

(1) Jezi di: "Aprann rekonèt sa ki devan w, konsa sa w pa wè va parèt aklè devan je ou. (2) Paske pa gen anyen ki kache ki p ap gen yon jou pou parèt aklè."

Pawòl 6

(1) Disip li yo kesyonnen l, epi yo mande l: "Èske w vle pou n fè jèn? Ki jan pou n lapriyè ak pou n fè lacharite? Epi ki rejim pou n swiv nan zafè manje?"

(5) Mais si vous n'arrivez pas à vous connaître vous-mêmes, alors vous existez dans la pauvreté et vous êtes la pauvreté. »

Logion 4

(1) Jésus dit : « L'homme dans ses vieux jours n'hésitera pas à interroger un enfant de sept jours sur le sens de la vie, et il vivra. (2) Car beaucoup qui sont premiers deviendront derniers, (3) et ils deviendront un seul. »

Logion 5

(1) Jésus dit : « Apprends à connaître ce qui est en face de toi et ce qui t'est caché te deviendra clair. (2) Car il n'est rien de caché qui ne deviendra manifesté. »

Logion 6

(1) Ses disciples l'ont interrogé, et lui ont dit : « Veux-tu que nous jeûnions ? Et de quelle manière devrions-nous prier et donner l'aumône ? Et quel régime alimentaire devrions-nous suivre ? »

(2) Jesus says: "Do not lie. (3) And do not do what you hate.

(4) For everything is disclosed in view of <the truth>[iv].

(5) For there is nothing hidden that will not become revealed. (6) And there is nothing covered that will remain undisclosed."

Logion 7
(1) Jesus says: "Blessed is the lion that a person will eat and the lion will become human. (2) And anathema is the person whom a lion will eat and the lion will become human."

Logion 8
(1) And he says: "The human being is like a sensible fisherman who cast his net into the sea and drew it up from the sea filled with little fish. (2) Among them the sensible fisherman found a large, fine fish. (3) He threw all the little fish back into the sea, (and) he chose the large fish effortlessly.
(4) Whoever has ears to hear should hear."

(2) Jezi di: "Pa bay manti.
(3) Epi pa fè sa w rayi.

(4) Paske anyen pa fouti rete anba dra douvan laverite.

(5) Paske pa gen anyen ki kache ki p ap devwale. (6) Epi pa gen anyen k ap rete anba dra pou toutan."

Pawòl 7

(1) Jezi di: "Benediksyon pou yon lyon yon moun manje epi lyon sa vin tounen moun. (2) Men, madichon pou yon moun yon lyon manje epi lyon sa a vin tounen moun."

Pawòl 8

(1) Epi li di: "Kretyen vivan se tankou yon pechè ki entèlijan anpil. Li te voye zen li nan lanmè, epi lè l rale l monte, li chaje ak ti pwason. (2) Pami pwason li pran yo, li jwenn yon bèl grenn pwason. (3) Li lage tout ti pwason yo nan lanmè a, epi l chwazi bèl grenn pwason an san difikilte.
(4) Moun ki gen zorèy pou tande, tande."

---

(2) Jésus dit : « Ne mentez pas.
(3) Et ne faites pas ce que vous haïssez.

(4) Car tout est dévoilé face à la vérité.

(5) Car il n'est rien de caché qui ne sera pas révélé. (6) Et il n'y a rien de dissimulé qui demeurera non divulgué. »

Logion 7

(1) Jésus dit : « Heureux est le lion qu'un homme mangera et le lion deviendra humain. (2) Et anathème est la personne que le lion mangera et le lion deviendra humain. »

Logion 8

(1) Et il dit : « L'être humain est comme un pêcheur intelligent, qui a jeté son filet à la mer et l'a retiré de la mer rempli de petits poissons. (2) Parmi eux, le pêcheur intelligent a trouvé un grand, beau poisson. (3) Il a rejeté tous les petits poissons dans la mer, et a choisi le grand poisson, facilement.
(4) Quiconque a des oreilles pour entendre devrait entendre. »

Logion 9

(1) Jesus says: "Look, a sower went out. He filled his hands (with seeds), (and) he scattered (them). (2) Some fell on the path, and the birds came and pecked them up. (3) Others fell on the rock, and did not take root in the soil, and they did not put forth ears. (4) And others fell among the thorns, they choked the seeds, and the worm ate them. (5) And others fell on good soil, and it produced good fruit. It yielded sixty per measure and one hundred and twenty per measure."

Logion 10

Jesus says: "I have cast fire upon the world, and see, I am guarding it until it blazes^v."

Logion 11

(1) Jesus says: "This heaven will pass away, and the (heaven) above it will pass away.
(2) And the dead are not alive, and the living will not die.
(3) In the days when you consumed what was dead, you made it alive. When you are in the light, what will you do?

Pawòl 9

(1) Jezi di: "Gade, moun k ap simen semans lan soti. Li plen men li ak grenn semans yo epi l simen yo. (2) Kèk grenn semans tonbe sou chemen an, zwazo yo vini, epi yo manje yo. (3) Kèk lòt grenn semans te tonbe sou wòch la, men yo pa t anrasinen nan tè a, konsa yo pa t rive donnen. (4) Gen lòt ki te tonbe nan pikan, yo kouvri grenn semans yo, epi vèditè manje yo. (5) Epi gen kèk lòt grenn semans ki te tonbe sou bon tè e ki bay anpil bon fwi. Rekòt la te tèlman agogo ata fòs mezi li te depase dènye mezirèt."

Pawòl 10

Jezi di: "M blayi dife sou latè. Gade, m ap voye je sou li jiskaske l konsonmen."

Pawòl 11

(1) Jezi di: "Syèl sa a ap pase, e syèl ki anwo syèl sa a ap pase tou.
(2) Moun mouri pa nan lavi, sa ki vivan yo p ap mouri.
(3) Lè w manje sa ki pa gen lavi nan li, ou fè l vin vivan. Lè w nan limyè, ki sa w pral fè?

Logion 9

(1) Jésus dit : « Écoutez, un semeur est sorti. Il a rempli sa main de semences, et les a semées à la volée. (2) Certaines sont tombées sur le chemin, et les oiseaux sont venus et les ont picorées. (3) D'autres sont tombées sur la pierre, et n'ont pas pris racine dans le sol, et elles n'ont pas produit d'épi. (4) Et d'autres sont tombées parmi les épines, elles étouffèrent les semences, et le ver les mangea. (5) Et d'autres sont tombées sur de la bonne terre, et elles ont produit du bon fruit. La récolte a été de soixante par mesure et cent vingt par mesure. »

Logion 10

Jésus dit : « J'ai jeté du feu sur le monde, et regarde, je le protège (le monde) jusqu'à ce qu'il s'enflamme. »

Logion 11

(1) Jésus dit : « Ce ciel passera, et le ciel au-dessus de lui passera.
(2) Et les morts ne sont pas vivants, et les vivants ne mourront pas.
(3) Lorsque vous mangiez ce qui était mort, vous en faisiez du vivant. Lorsque vous serez dans la lumière, que ferez-vous ?

(4) On the day when you were one, you became two. But when you become two, what will you do?"

Logion 12

(1) The disciples said to Jesus: "We know that you will depart from us. Who (then) will rule[vi] over us?"

(2) Jesus said to them: "Wherever you have come from, you should go to James the Just, for whose sake heaven and earth came into being."

Logion 13

(1) Jesus said to his disciples: "Compare me and tell me whom I am like."

(2) Simon Peter said to him: "You are like a just messenger[vii]."

(3) Matthew said to him: "You are like an (especially) wise philosopher."

(4) Thomas said to him: "Teacher, my mouth <can>not bear at all to say whom you are like."

(4) Nan jou ou te pou kont ou, ou te vin de. Men lè w vin de, ki sa w pral fè?"

(4) Le jour où vous étiez un, vous êtes devenu deux. Mais quand vous deviendrez deux, que ferez-vous ? »

Pawòl 12

(1) Disip yo di Jezi: "Nou konnen ou pral kite n. Ki moun ki pral gen pou gide nou?"

(2) Jezi di yo: "Kèlkilanswa kote w sòti, ou dwe al kot Jak, sila ki jis la, se pou li syèl la ak latè a te fèt."

Logion 12

(1) Les disciples ont dit à Jésus : « Nous savons que tu nous quitteras. Qui alors nous dirigera ? »

(2) Jésus leur dit : « D'où que vous veniez, vous devriez vous rendre chez Jacques le Juste, pour qui le ciel et la terre sont nés. »

Pawòl 13

(1) Jezi di disip li yo: "Gade m, epi di m ak ki moun mwen sanble."

(2) Simon Pyè di l: "Ou pòtre yon mesaje ki jis."

(3) Matye di l: "Ou tankou yon filozòf ki saj anpil anpil."

(4) Toma di li: "Mèt, bouch mwen pa ka pran reskonsablite di ak ki moun ou sanble."

Logion 13

(1) Jésus dit à ses disciples : « Comparez-moi et dites-moi à qui je ressemble. »

(2) Simon Pierre lui dit : « Tu es un messager juste. »

(3) Matthieu lui dit : « Tu es comme un très sage philosophe. »

(4) Thomas lui dit : « Maître, ma bouche ne peut pas du tout dire à qui tu ressembles. »

(5) Jesus said: "I am not your teacher. For you have drunk, you have become intoxicated at the bubbling spring that I have measured out."

(6) And he took him, (and) withdrew, (and) he said three words to him.

(7) But when Thomas came back to his companions, they asked him: "What did Jesus say to you?"

(8) Thomas said to them: "If I tell you one of the words he said to me, you will pick up stones and throw them at me, and fire will come out of the stones (and) burn you up."

Logion 14

(1) Jesus said to them: "If you fast, you will bring forth sin for yourselves. (2) And if you pray, you will be condemned. (3) And if you give alms, you will do harm to your spirits."[viii]

(4) "And if you go into any land and wander from place to place[ix], (and) if they take you in, (then) eat what they will set before you. Heal the sick among them!

(5) For what goes into your mouth will not defile you. Rather, what comes out of your mouth will defile you."

(5) Jezi di: "Mwen pa mèt ou. Paske ou te bwè jouk ou rive sou nan sous k ap koule mwen te simaye a."
(6) Li pran l, epi li rale l akote, epi l di li twa mo.
(7) Men lè Toma retounen kot konpay li yo, yo mande l: "Ki sa Jezi te di w?"
(8) Toma di yo: "Si m di nou youn nan mo li te di mwen yo, n ava pran wòch pou kalonnen m, men dife va soti nan wòch yo epi boule nou latètopye."

Pawòl 14
(1) Jezi di yo: "Si nou fè jèn, se peche n ap atire sou nou menm. (2) Si nou lapriyè, n ap lakòz nou kondane. (3) Epi si nou fè lacharite, nou pral fè pwòp bonnanj nou mal."
(4) "Men si nou ale nan nenpòt ki peyi, nou tonbe pwomennen adwat agòch, epi si yo akeyi nou, nou mèt manje kèlkilanswa sa yo met devan nou. Geri moun ki malad yo pami moun ki akeyi nou yo!
(5) Se pa sa ki antre nan bouch ou k ap kondane w. Men, se sa k sòti ladan li k ap kondane w."

(5) Jésus dit : « Je ne suis pas ton maître. Car tu as bu et t'es enivré à la source bouillonnante que j'ai partagée. »
(6) Et il le prit, et se retira avec lui, et il lui dit trois mots.
(7) Mais lorsque Thomas est revenu chez ses compagnons, ils lui ont demandé : « Que t'a dit Jésus ? »
(8) Thomas leur dit : « Si je vous dit une seule des paroles qu'il m'a dites, vous ramasserez des pierres et les jetterez sur moi, et du feu sortira des pierres et vous brûlera. »

Logion 14
(1) Jésus leur dit : « Si vous jeûnez, vous allez pêcher contre vous-mêmes. (2) Et si vous priez, vous serez condamnés. (3) Et si vous donnez l'aumône, vous ferez du mal à vos esprits. »
(4) « Et si vous allez dans n'importe quel pays et errez ici et là, et s'ils vous reçoivent, alors mangez ce qu'ils mettent devant vous. Guérissez les malades parmi eux.
(5) Car ce qui va dans votre bouche ne vous souillera pas. Plutôt, ce qui sortira de votre bouche vous souillera. »

Logion 15

Jesus says: "When you see one who was not born of woman, fall on your face (and) worship him. That one is your Father."

Logion 16

(1) Jesus says: "Perhaps people think that I have come to cast peace upon the earth. (2) But they do not know that I have come to cast dissension upon the earth: fire, sword, war.
(3) For there will be five in one house: there will be three against two and two against three, the father against the son and the son against the father.
(4) And they will stand as solitary ones."

Logion 17

Jesus says: "I will give you what no eye has seen, and what no ear has heard, and what no hand has touched, and what has not occurred to the human mind."[x]

Pawòl 15
(1) Jezi di: "Lè w wè sila a ki pa soti nan vant okenn fanm, bese tèt ou devan li, adore li. Sila a se Papa ou."

Logion 15
Jésus dit : « Quand vous voyez celui qui n'est pas né de la femme, prosternez-vous et adorez-le. Celui-là est votre Père. »

Pawòl 16
(1) Jezi di: "Petèt moun panse mwen te vini sou latè pou met lapè. (2) Men yo pa konnen mwen te vini pito pou mete dezinyon sou latè: dife, nepe, lagè.
(3) Konsa va gen senk moun nan yon kay: twa nan yo pral leve kont de lòt yo, epi de lòt yo pral leve kont twa lòt yo, papa ap kont pitit, pitit ap kont papa.
(4) Epi yo chak va kanpe sèl pou kont pa yo."

Logion 16
(1) Jésus dit : « Peut-être les gens pensent-ils que je suis venu pour jeter la paix sur le monde. (2) Mais ils ne savent pas que je suis venu pour jeter la discorde sur la terre : le feu, l'épée, la guerre.
(3) Car il y en aura cinq dans une maison : il y en aura trois contre deux et deux contre trois, le père contre le fils et le fils contre le père.
(4) Et ils se tiendront solitaires. »

Pawòl 17
Jezi di: "M a ba w sa okenn je pa t wè, sa okenn zorèy pa t tande, sa okenn men pa t manyen, epi lide ki pa t pase nan brenn okenn kretyen vivan."

Logion 17
Jésus dit : « Je vais vous donner ce qu'aucun œil n'a vu, et ce qu'aucune oreille n'a entendu, et ce qu'aucune main n'a touché, et ce qui n'est pas arrivé à l'esprit humain. »

Logion 18

(1) The disciples said to Jesus: "Tell us how our end will be."

(2) Jesus said: "Have you already discovered the beginning that you are now asking about the end? For where the beginning is, there the end will be too.

(3) Blessed is he who will stand at the beginning. And he will know the end, and he will not taste death."

Logion 19

(1) Jesus says: "Blessed is he who was, before he came into being.

(2) If you become disciples of mine (and) listen to my words, these stones will serve you.

(3) For you have five trees in Paradise that do not change during summer (and) winter, and their leaves do not fall. (4) Whoever come to know them will not taste death."

Logion 20

(1) The disciples said to Jesus: "Tell us whom the kingdom of heaven is like!"

(2) He said to them: "It is like a mustard seed.

(3) <It > is the smallest of all seeds.

Pawòl 18
(1) Disip yo di Jezi: "Di n ki jan dènye jou nou pral ye."
(2) Jezi di: "Èske nou deja dekouvri konmansman an pou n ap mande ki jan fen an pral ye? Kote konmansman an ye a, se la fen an ye tou.
(3) Benediksyon pou moun ki kanpe depi nan konmansman an. Konsa l a konnen fen an, epi li p ap konn sa ki rele lanmò."

Pawòl 19
(1) Jezi di: "Benediksyon pou moun ki te egziste, anvan menm egzistans li.
(2) Si nou vin disip mwen, epi nou koute pawòl mwen yo, wòch sa yo va sèvi nou.
(3) Nou gen senk pyebwa nan Paradi a ki pa chanje pandan ni lete ni livè, epi fèy yo tou pa janm tonbe.
(4) Kèlkilanswa moun ki rankontre pyebwa sa yo, li p ap janm konn sa yo rele lanmò."

Pawòl 20
(1) Disip yo mande Jezi: "Di n ak ki sa wayòm syèl la sanble!"
(2) Li di yo: "Li tankou yon grenn moutad. (3) Li se grenn ki pi piti pami tout grenn semans yo.

Logion 18
(1) Les disciples ont dit à Jésus : « Dis-nous ce que sera notre fin. »
(2) Jésus dit : « Avez-vous déjà découvert le commencement que vous demandez maintenant ce qu'il en est de la fin ? Car là où est le commencement, là sera aussi la fin.
(3) Heureux celui qui assistera [sera debout] au commencement. Et il connaîtra la fin, et il ne goûtera pas la mort. »

Logion 19
(1) Jésus dit : « Heureux celui qui était, avant de venir à l'être.
(2) Si vous devenez mes disciples (et) écoutez mes paroles, ces pierres vous serviront.
(3) Car vous avez cinq arbres au Paradis qui ne changent pas ni durant l'été ni durant l'hiver, et leurs feuilles ne tombent pas.
(4) Quiconque vient à les connaître ne goûtera pas la mort. »

Logion 20
(1) Les disciples ont dit à Jésus : « Dis-nous à quoi ressemble le royaume des cieux ! »
(2) Il leur dit : « Il est comme une graine de sénévé. (3) C'est la plus petite de toutes les semences.

(4) But when it falls on cultivated soil, it produces a large branch (and) it (the branch) becomes shelter for the birds of the sky."

Logion 21
(1) Mary said to Jesus: "Whom are your disciples like?"
(2) He said: "They are like servants who are entrusted with a field that is not theirs. (3) When the owners of the field arrive, they will say: 'Let us have our field.' (4) (But) they are naked in their presence so as to let them have it, (and thus) to give them their field."
(5) "That is why I say: When the master of the house learns that the thief is about to come, he will be on guard before he comes (and) will not let him break into his house, his domain, to carry away his possessions.
(6) (But) you, be on guard against the world!
(7) Gird your loins with great strength, so that the robbers will not find a way to get to you."
(8) "For the possessions you are guarding they will find."ˣⁱ
(9) There ought to be a wise person among you!

(4) Men lè l tonbe nan yon bon tè, li fè yon gwo branch ki vin tounen kay pou zwazo yo k ap vole nan syèl la."

Pawòl 21
(1) Mari mande Jezi: "Ak ki moun disip ou yo sanble?"
(2) Li di: "Yo tankou sèvitè yo konfye yon jaden ki pa pou yo.
(3) Lè pwopriyetè jaden yo rive, Sèvitè yo pral di, 'Fè n kado jaden an.' (4) Men, kòm yo te toutouni devan mèt jaden yo, konsa yo va kite jaden an pou yo, epi yo va gen tè a pou yo nèt."
(5) "Se pou sa mwen di: lè mèt kay la aprann vòlè a sou wout pou vini, l a veye zo l anvan l vini, epi l p ap kite l kase kay li oswa baryè li pou l pa pote zafè li yo ale.
(6) Men ou mcnm, veye zo ou nan lemonn!
(7) Mare ren ou djanm pou vòlè yo pa jwenn yon jan pou pote ou ale."
(8) "Paske si se pa sa, y a pote tout sa w gen ale.
(9) Dwe gen yon moun saj pami nou la!

(4) Mais quand elle tombe sur la terre cultivée, elle produit une grande branche et elle (la branche) devient un abri pour les oiseaux du ciel. »

Logion 21
(1) Marie dit à Jésus : « A qui tes disciples ressemblent-ils ? »
(2) Il dit : « Ils sont comme des serviteurs à qui on confie un champ qui n'est pas le leur.
(3) Quand les propriétaires arrivent, ils diront : "Laissez-nous notre champ." (4) Mais ils sont nus en leur présence si bien qu'ils le leur laissent, et donc leur donnent leur champ. »
(5) « C'est pourquoi quand je dis : lorsque le maître de maison apprend que le voleur est sur le point de venir, il sera sur ses gardes avant qu'il ne vienne et ne le laissera pas entrer par effraction dans sa maison, son domaine, pour emporter ses biens.
(6) Mais vous, soyez sur vos gardes face au monde ! (7) Ceignez vos reins avec une grande puissance, afin que les voleurs ne découvrent pas de moyen de vous atteindre. »
(8) « Car les possessions que vous détenez, ils les trouveront.
(9) Il devrait y avoir un homme sage parmi vous!

(10) When the fruit was ripe, he came quickly with his sickle in hand, (and) he harvested it.
(11) Whoever has ears to hear should hear."

Logion 22
(1) Jesus saw infants being suckled.
(2) He said to his disciples: "These little ones being suckled are like those who enter the kingdom."
(3) They said to him: "Then will we enter the kingdom as little ones?"

(4) Jesus said to them: "When you make the two into one and when you make the inside like the outside and the outside like the inside and the above like the below, — (5) that is, to make the male and the female into a single one, so that the male will not be male and the female will not be female — [xii] (6) and when you make eyes instead of an eye and a hand instead of a hand and a foot instead of a foot, an image instead of an image, (7) then you will enter [the kingdom]."

Logion 23
(1) Jesus says: "I will choose you, one from a thousand and two from ten thousand. (2) And they will stand as a single one."

(10) Lè fwi a te mi, li te vini vit ak sèpèt li nan men li, epi l te keyi l.
(11) Moun ki gen zorèy pou tande, tande."

Pawòl 22
(1) Jezi te wè timoun ki t ap tete.
(2) Li te di disip li yo: "Ti bebe sa yo k ap tete la a, yo tankou sila yo ki pral antre nan wayòm nan."
(3) Yo te mande l: "Eske n ap antre nan wayòm nan tankou ti bebe sa yo?"

(4) Jezi di yo: "Lè nou de fè yon sèl epi lè nou fè anndan n ak deyò n fè youn tankou nou dwe fè pou anwo ak anba —
(5) sa vle di, lè gason ak fi fè yon sèl, kidonk lè pa gen okenn prejije antre yo — (6) Epi lè nou fè je n fè yon sèl, lè n fè men n ak pye n fè yon sèl, konsa n a fòme yon sèl kò, (7) lè sa a n a antre [nan wayòm nan]."

Pawòl 23
(1) Jezi di: "Mwen pral chwazi w, yonn pami mil, epi de pami di mil.
(2) Epi y a kanpe kou yon sèl kò."

(10) Quand le fruit fut mûr, il vint rapidement avec sa faucille à la main, et il le moissonna.
(11) Quiconque a des oreilles pour entendre devrait entendre. »

Logion 22
(1) Jésus a vu des petits qui tétaient.
(2) Il dit à ses disciples : « Ces petits qui tètent sont comme ceux qui entrent le royaume. »
(3) Ils lui ont dit : « Alors nous entrerons le royaume comme des petits ? »

(4) Jésus leur dit : « Lorsque vous faites de deux un et lorsque vous faites l'intérieur comme l'extérieur et le haut comme le bas —
(5) c'est-à-dire faire du mâle et de la femelle un seul être, afin que le mâle ne soit plus mâle et que la femelle ne soit plus femelle — (6) et lorsque vous faites des yeux au lieu d'un œil et une main à la place d'une main et un pied à la place d'un pied, une image à la place d'une image, (7) alors vous entrerez [dans le royaume]. »

Logion 23
(1) Jésus dit : « Je vous choisirai, un entre mille et deux entre dix mille. (2) Et ils se tiendront comme un seul. »

Logion 24

(1) His disciples said: "Show us the place where you are, because it is necessary for us to seek it."

(2) He said to them: "Whoever has ears should hear!

(3) Light exists inside a person of light, and he[xiii] shines on the whole world. If he does not shine, there is darkness."

Logion 25

(1) Jesus says: "Love your brother like your life!

(2) Protect him like the apple of your eye!"

Logion 26

(1) Jesus says: "You see the splinter that is in your brother's eye, but you do not see the beam that is in your (own) eye. (2) When you remove the beam from your eye, then you will see clearly (enough) to remove the splinter from your brother's eye."

Logion 27

(1) "If you do not abstain from the world, you will not find the kingdom.

(2) If you do not make the (whole) week into a Sabbath, you will not see the Father."

Pawòl 24

(1) Disip li yo te di l: "Montre nou kote ou ye paske li nesèsè pou nou chache ki kote kote sa a ye."
(2) Li te di yo: "Kèlkilanswa moun ki gen zorèy dwe tande.
(3) Limyè a egziste anndan yon moun ki nan chemen limyè a, li klere tout latè. Si l pa limen, se fènwa."

Pawòl 25

(1) Jezi di: "Renmen frè ou tankou ou renmen lavi ou! (2) Pwoteje l tankou l grenn je ou!"

Pawòl 26

(1) Jezi di: "Ou wè ti pay ki nan je frè ou a, men w pa wè gwo moso bwa ki nan pwòp je pa w.
(2) Lè w retire gwo bwa ki nan pwòp je pa w, se lè sa a w a wè ase klè pou ou retire ti pay ki nan je frè ou a."

Pawòl 27

(1) "Si w pa bay lemonn do, ou p ap jwenn wayòm nan.
(2) Si w pa fè chak jou nan senmenn nan tounen yon jou Saba nan fason w ap viv li, ou p ap sa wè Papa a."

Logion 24

(1) Ses disciples ont dit : « Montre-nous le lieu où tu es, car il est nécessaire pour nous de le chercher. »
(2) Il leur dit : « Quiconque a des oreilles devrait entendre !
(3) La lumière existe dans une personne de lumière, et elle illumine le monde entier. Si elle n'illumine pas, c'est l'obscurité. »

Logion 25

(1) Jésus dit : « Aime ton frère comme ta vie ! (2) Protège le comme la prunelle de ton œil ! »

Logion 26

(1) Jésus dit : « Tu vois la paille qui est dans l'œil de ton frère, mais tu ne vois pas la poutre qui est dans ton propre œil.
(2) Lorsque tu auras ôté la poutre de ton œil, alors tu verras assez clairement pour retirer la paille de l'œil de ton frère. »

Logion 27

(1) « Si vous ne vous abstenez pas du monde, vous ne verrez pas le royaume.
(2) Si vous ne faites pas de toute la semaine un sabbat, vous ne verrez pas le Père. »

Logion 28

(1) Jesus says: "I stood in the middle of the world, and in flesh I appeared to them. (2) I found all of them drunk. None of them did I find thirsty. (3) And my soul ached for the children of humanity, because they are blind in their heart, and they cannot see; for they came into the world empty, (and) they also seek to depart from the world empty. (4) But now they are drunk. (But) when they shake off their (intoxication from) wine, then they will change their mind."

Logion 29

(1) Jesus says: "If the flesh came into being because of the spirit, it is a wonder.
(2) But if the spirit (came into being) because of the body, it is a wonder of wonders.
(3) Yet I marvel at how this great wealth has taken up residence in this poverty."

Logion 30

(1) Jesus says: "Where there are three gods, they are gods.[xiv] (2) Where there are two or one, I am with him."

Pawòl 28
(1) Jezi di: "M kanpe nan mitan lemonn, m parèt sou yo an chè e annòs. (2) M te jwenn yo tout sou. Okenn nan yo pa t swaf. (3) Konsa kè m fè m mal pou tout pitit sou latè, paske m wè yo avèg tankou yon kè ki pa gen pyès lanmou ladan, konsa yo te vini vid nan lemonn, epi yo chache kite lemonn vid. (4) Men kounyeya, yo sou. Men lè cfè diven an pase, lè sa y a chanje lide yo."

Pawòl 29
(1) Jezi di, "Si lachè a te fèt poutèt lespri a, se yon mèvèy. (2) Men si lespri a te fèt poutèt kò a, se yon mèvèy ki depase dènye mèvèy. (3) Men mwen sezi konstate jan gwo richès sa a blayi kò li nan lamizè."

Pawòl 30
(1) Jezi di: "Kote ki genyen twa bondye, se bondye yo ye. (2) Kote ki genyen de oswa yonn, mwen avè l."

Logion 28
(1) Jésus dit : « Je me suis tenu au milieu du monde, et je me suis manifesté à eux dans la chair. (2) Je les ai tous trouvés ivres. Je n'ai trouvé personne qui ait soif. (3) Et mon âme s'est affligée pour les enfants des hommes, car ils sont aveugles dans leur cœur, et ne peuvent voir; car ils sont venus au monde vides, et ils cherchent à le quitter vides. (4) Mais maintenant ils sont ivres. Mais quand ils se seront débarrassés de leur intoxication par le vin, alors ils changeront d'avis. »

Logion 29
(1) Jésus dit : « Si la chair est venue à l'existence à cause de l'esprit, c'est une merveille. (2) Mais si l'esprit est venu à l'existence à cause du corps, c'est une merveille de merveille. (3) Cependant, je m'émerveille de ce qu'une grande richesse demeure dans cette pauvreté. »

Logion 30
(1) Jésus dit : « Là où il y a trois dieux, il y a des dieux. (2) Là où il y en a deux ou un, je suis avec lui. »

Logion 31

(1) Jesus says: "No prophet is accepted in his (own) village. (2) A physician does not heal those who know him."

Logion 32

Jesus says: "A city built upon a high mountain (and) fortified cannot fall, nor can it be hidden."

Logion 33

(1) Jesus says: "What you will hear with your ear {with the other ear} proclaim from your rooftops.
(2) For no one lights a lamp (and) puts it under a bushel, nor does he put it in a hidden place.
(3) Rather, he puts it on a lampstand, so that every one who comes in and goes out will see its light."

Logion 34

Jesus says: "If a blind (person) leads a blind (person), both will fall into a pit."

Pawòl 31

(1) Jezi di: "Okenn pwofèt pa janm gen valè devan je moun ki sot nan menm peyi ak li. (2) Yon doktè pa geri moun ki konnen l."

Pawòl 32

Jezi di: "Yon vil ki bati sou yon tèt mòn epi ki byen plante pa ka tonbe, ni tou li pa ka kache."

Pawòl 33

(1) Jezi di: "Sa nou pral tande nan zorèy nou, preche l depi konmanse sou twati kay nou. (2) Paske pèsonn pa ka limen yon lanp epi mete l anba yon ti branch bwa, ni tou li pa ka mete l nan yon kote ki kache. (3) Li pito mete l sou yon tab de nwi, pou tout moun k ap antre ak sòti ka wè limyè l."

Pawòl 34

Jezi di: "Si yon avèg ap mennen yon lòt avèg, toulede pral tonbe nan yon gwo twou."

Logion 31

(1) Jésus dit : « Aucun prophète n'est reçu dans son propre village. (2) Un médecin ne soigne pas ceux qui le connaissent. »

Logion 32

Jésus dit : « Une ville construite sur une haute montagne et fortifiée ne peut tomber ni être cachée. »

Logion 33

(1) Jésus dit : « Ce que tu entendras avec ton oreille proclame-le avec l'autre oreille depuis ton toit. (2) Car personne n'allume une lampe et la met sous le boisseau, ou dans un endroit caché. (3) Il la met plutôt sur un lampadaire, afin que tous ceux qui entrent et sortent voient sa lumière. »

Logion 34

Jésus dit : « Si un aveugle conduit un aveugle, tous les deux tomberont dans un trou. »

Logion 35

(1) Jesus says: "It is not possible for someone to enter the house of a strong (person) (and) take it by force unless he binds his hands. (2) Then he will loot his house."

Logion 36

Jesus says: "Do not worry from morning to evening and from evening to morning about what you will wear."

Logion 37

(1) His disciples said: "When will you appear to us, and when will we see you?"
(2) Jesus said: "When you undress (yourselves) without being ashamed[xv] and take your clothes (and) put them under your feet like little children (and) trample on them, (3) then [you] will see the son of the Living One, and you will not be afraid."

Logion 38

(1) Jesus says: "Many times you have desired to hear these words, these that I am speaking to you, and you have no one else from whom to hear them.
(2) There will be days when you will seek me, (and) you will not find me." [xvi]

Pawòl 35
(1) Jezi di: "Li pa posib pou yon moun antre nan kay yon moun ki fò epi pran l ak fòs sof si li mare men li. (2) Apre sa, l ap piye kay li."

Pawòl 36
Jezi di: "Pa bay tèt ou pwoblèm pou rad w ap mete sou ou ni maten ni aswè."

Pawòl 37
(1) Disip li yo di: "Ki lè w ap parèt devan nou, epi ki lè nou pral wè w?"
(2) Jezi di: "Lè nou dezabiye nou san nou pa santi nou wont epi lè nou pran rad nou kou timoun piti pou nou mache sou yo, se lè sa [nou] pral wè pitit Sèl Grenn ki Vivan an, epi nou p ap pè."

Pawòl 38
(1) Jezi di: "Anpil fwa, nou anvi tande pawòl sa yo m ap di nou yo la a paske nou pa gen pyès lòt moun ki ka di nou yo.
(2) Ap gen yon jou pou n ap chache m, men nou p ap jwenn mwen."

Logion 35
(1) Jésus dit : « Il n'est pas possible à quelqu'un d'entrer dans la maison d'un puissant et de s'en emparer par la force à moins qu'il ne lui lie ses mains. (2) Alors il pillera sa maison. »

Logion 36
Jésus dit : « Ne vous inquiétez pas du matin au soir et du soir au matin de ce que vous revêtirez. »

Logion 37
(1) Ses disciples ont dit : « Quand nous apparaîtras-tu, et quand te verrons-nous ? »
(2) Jésus dit : « Lorsque vous vous déshabillerez sans être honteux et prendrez vos vêtements et les mettrez sous vos pieds comme le font les petits enfants et les piétinerez, (3) alors [vous] verrez le fils du Vivant Unique, et vous n'aurez plus peur. »

Logion 38
(1) Jésus dit : « Bien des fois vous avez désiré entendre ces paroles, celles-là que je vous dis, et vous n'avez personne d'autre de qui les entendre.
(2) Il viendra des jours où vous me chercherez, et vous ne me trouverez pas. »

Logion 39

(1) Jesus says: "The Pharisees and the scribes have received the keys of knowledge, (but) they have hidden them[xvii]. (2) Neither have they entered, nor have they allowed to enter those who wished to.

(3) You, however, be as shrewd as serpents and as innocent as doves!"

Logion 40

(1) Jesus says: "A grapevine was planted outside (the vineyard) of the Father. (2) And since it is not supported, it will be pulled up by its root (and) will perish."

Logion 41

(1) Jesus says: "Whoever has (something) in his hand, (something more) will be given to him. (2) And whoever has nothing, even the little he has will be taken from him."

Logion 42

Jesus says: "Become passers-by."

Pawòl 39

(1) Jezi di: "Farizyen ak nèg save yo te resevwa kle lakonesans, men yo te kache yo. (2) Youn nan yo pa dekouvri chemen konnen an, nonplis yo pa te kite sila yo ki gen volonte a dekouvri l tou. (3) Nou, okontrè, se pou nou malen kon sèpan epi inosan kou pijon!"

Logion 39

(1) Jésus dit : « Les Pharisiens et les scribes ont reçu les clefs du savoir, mais ils les ont cachées. (2) Ils ne sont pas entrés, ni n'ont autorisé à entrer ceux qui le souhaitaient. (3) Soyez, vous, quoi qu'il en soit, habiles comme des serpents et innocents comme des colombes ! »

Pawòl 40

Jezi di: "Te gen yon pye rezen ki te plante deyò jaden rezen Papa a, men akòz yo pa t pran swen li, yo rache l nan rasin li, konsa li fini pa deperi."

Logion 40

(1) Jésus dit : « Une vigne a été plantée en dehors du vignoble du Père. (2) Et puisqu'elle n'est pas entretenue, elle sera arrachée par les racines et périra. »

Pawòl 41

(1) Jezi di: "Moun ki genyen yon bagay nan men li pral resevwa plis. (2) Moun ki pa gen anyen, li pral pèdi menm ti kal li genyen an."

Logion 41

(1) Jésus dit : « Quiconque a quelque chose dans sa main, recevra quelque chose en plus. (2) Et quiconque n'a rien, même le peu qu'il a lui sera retiré. »

Pawòl 42

Jezi di: "Konpòte n tankou se pasaje nou ye sou tè a."

Logion 42

Jésus dit : « Devenez passant. »

Logion 43

(1) His disciples said to him: "Who are you to say this to us?"

(2) "Do you not realize from what I say to you who I am?

(3) But you have become like the Jews: They love the tree, (but) they hate its fruit. Or they love the fruit, (but) they hate the tree."

Logion 44

(1) Jesus says: "Whoever blasphemes against the Father, it will be forgiven him. (2) And whoever blasphemes against the Son, it will be forgiven him. (3) But whoever blasphemes against the Holy Spirit, it will not be forgiven him, neither on earth nor in heaven."

Logion 45

(1) Jesus says: "Grapes are not harvested from thorns, nor are figs picked from thistles, for they do not produce fruit.

(2) A good person brings forth good from his treasure. (3) A bad person brings (forth) evil from the bad treasure that is in his heart, and (in fact) he speaks evil. (4) For out of the abundance of the heart he brings forth evil."

Pawòl 43
(1) Disip li yo te di l: "Ki moun ou ye pou ou ta di n bagay konsa?"
(2) "Nou pa rann nou kont ki moun mwen ye selon sa m di nou?
(3) Enben, nou te vin tankou Jwif yo. Yo renmen pyebwa a epi yo rayi fwi li, oswa yo renmen fwi a epi yo rayi pyebwa a."

Pawòl 44
(1) Jezi di: "Moun ki blasfemen kont Papa a, l ap jwenn padon.
(2) Moun ki blasfemen kont Pitit la, l ap jwenn padon tou.
(3) Men moun ki blasfemen kont Lespri Sen an, li p ap jwenn padon ni sou latè, ni nan syèl la."

Pawòl 45
(1) Jezi di: "Yo pa rekòlte rezen nan pikan, ni yo pa keyi fig frans nan pikan paske pikan pa bay fwi.
(2) Yon moun ki bon fè sa ki bon ak trezò li. (3) Yon moun ki mal fè sa ki mal akoz move trezò ki nan kè l, epi li di bagay ki mal. (4) Se dapre fòs sa li gen ki mal nan kè li, li pral fè sa ki mal."

Logion 43
(1) Ses disciples lui ont dit : « Qui es-tu pour nous dire cela ? »
(2) « Ne réalisez-vous pas qui je suis d'après qui je vous dis que je suis ?
(3) Mais vous êtes devenus comme les Juifs ! Ils aiment l'arbre, mais ils haïssent son fruit. Ou ils aiment le fruit, mais haïssent l'arbre. »

Logion 44
(1) Jésus dit : « Quiconque blasphème contre le Père, cela lui sera pardonné. (2) Et quiconque blasphème contre le Fils, cela lui sera pardonné. (3) Mais quiconque blasphème contre le Saint Esprit, cela ne lui sera pas, ni sur terre ni au ciel. »

Logion 45
(1) Jésus dit : « Les raisins ne sont pas récoltés sur des ronces, on ne cueille pas non plus des figues sur des chardons, car ils ne produisent pas de fruit.
(2) Un homme bon produit du bien à partir de son trésor. (3) Un homme mauvais produit du mal à partir du mauvais trésor qui est dans son cœur, et en fait il dit le mal. (4) Car à partir de l'abondance du cœur il produit le mal. »

Logion 46
(1) Jesus says: "From Adam to John the Baptist, among those born of women there is no one who surpasses John the Baptist so that his (i.e. John's) eyes need not be downcast."

(2) "But I have (also) said: 'Whoever among you becomes little will know the kingdom and will surpass John.'"

Logion 47
(1) Jesus says: "It is impossible for a person to mount two horses and to stretch two bows.

(2) And it is impossible for a servant to serve two masters. Or else he will honour the one and insult the other."

(3) "No person drinks old wine and immediately desires to drink new wine.

(4) And new wine is not put into old wineskins, so that they do not burst; nor is old wine put into (a) new wineskin, so that it does not spoil it.

(5) An old patch is not sewn onto a new garment, because a tear will result."

Pawòl 46
(1) Jezi di: "Sot sou Adan rive
sou Jan Batis, pami moun ki
soti nan vant yon fanm, pa gen
okenn moun ki rive depase Jan
Batis (pou ta fè li bese je li
devan yo)."
(2) "Men m te di (tou),
'Kèlkilanswa moun pami nou ki
fè yo piti ap konnen wayòm
nan epi ap depase Jan Batis.'"

Logion 46
(1) Jésus dit : « Depuis Adam
jusqu'à Jean le Baptiste, parmi
ceux qui sont né des femmes il
n'y en a pas un qui surpasse Jean
le Baptiste si bien que ses yeux
(ceux de Jean) ne devront pas
être baissés. »
(2) « Mais j'ai aussi dit :
"Quiconque parmi vous
deviendra petit connaîtra le
royaume et surpassera Jean". »

Pawòl 47
(1) Jezi di: "Li enpòsib pou yon
moun moute de chwal oubyen
tire de banza alafwa.
(2) E li enpòsib pou yon sèvitè
sèvi de mèt; se swa li onore
youn nan yo, epi li ensilte lòt
la."
(3) "Okenn moun ki abitye bwè
vye diven p ap anvi bwè yon
nouvo diven touswit.
(4) Epi yo pa mete nouvo diven
nan vye po diven pou yo pa
pete; ni tou yo pa mete vye
diven nan nouvo po diven pou
yo pa gate l.
(5) Yon vye patch pa ka ale sou
yon nouvo moso twal, sinon l
ap fè yon gwo twou."

Logion 47
(1) Jésus dit : « Il est impossible à
un homme de monter deux
chevaux et de tendre deux arcs.
(2) Et il est impossible pour un
serviteur de servir deux maîtres.
Ou alors il honorera l'un et
insultera l'autre. »
(3) « Personne ne boit du vin
vieux et ne désire aussitôt boire
du vin nouveau.
(4) Et du vin nouveau n'est pas
mis dans de vieilles outres, de
peur qu'elles n'éclatent ; pas plus
que du vin vieux n'est mis dans
une nouvelle outre, de peur
qu'elle ne le gâte.
(5) On ne coud pas une vieille
pièce sur un vêtement neuf, car
une déchirure se produira. »

Logion 48
Jesus says: "If two make peace with one another
in one and the same house, (then) they will say to
the mountain: 'Move away,' and it will move
away."

Logion 49
(1) Jesus says: "Blessed are the solitary ones, the
elect. For you will find the kingdom. (2) For you
come from it (and) will return to it."

Logion 50
(1) Jesus says: "If they say to you: 'Where do you
come from?,' (then) say to them: 'We have come
from the light, the place where the light has come
into being by itself, has established [itself] and has
appeared in their image.'
(2) If they say to you: 'Is it you?'[xviii], (then) say:
'We are his children, and we are the elect of the
living Father.'
(3) If they ask you: 'What is the sign of your
Father among you?,' (then) say to them: 'It is
movement and repose.'"

Pawòl 48
Jezi di: "Si de moun k ap viv
ansanm nan yon kay fè lapè,
enben y ap di mòn nan,
'Deplase,' epi l ap deplase"

Pawòl 49
(1) Jezi di: "Benediksyon pou
moun ki sèl pou kont yo, sila yo
ki chwazi a (eli yo). Nou pral
jwenn wayòm nan. (2) Kòm
nou soti nan li, n ap retounnen
nan li."

Logion 48
Jésus dit : « Si deux font la paix
l'un avec l'autre dans une même
maison, alors ils diront à la
montagne : "Déplace-toi", et
elle se déplacera. »

Logion 49
(1) Jésus dit : « Heureux sont les
solitaires, les élus. Car ils
trouveront le royaume. (2) Car
vous en venez et vous y
retournerez. »

Pawòl 50
(1) Jezi di: "Si yo di w, 'Ki kote
ou soti?' alò di yo, 'Nou sòti
nan limyè a. Nou soti kote
limyè sa a pran sous li pou l sa
manifeste l nan nou menm, epi
li fè youn ak imaj nou.'

(2) Si yo di w, 'Èske se ou?,' alò
di yo, 'Nou se pitit li yo, epi
nou se sila yo Papa vivan an
chwazi a, eli yo.'

(3) Si yo mande w, 'Ki siy Papa
a ki nan ou?' alò di yo, 'Li se
mouvman ak repo.'"

Logion 50
(1) Jésus dit : « S'ils vous
disent : "D'où venez-vous ?",
alors dites-leur : "Nous sommes
venu de la lumière, le lieu où la
lumière est venue à l'être par
elle-même, s'est constituée [elle-
même] et est apparue à leur
image."
(2) S'ils vous disent : "Est-ce
vous ?", alors dites : "Nous
sommes ses enfants, et nous
sommes les élus du Père
vivant."
(3) S'ils vous demandent :
"Quel est le signe de votre Père
parmi vous ?", alors dites-leur :
"Il est mouvement et repos." »

Logion 51

(1) His disciples said to him: "When will the <resurrection>[xix] of the dead take place, and when will the new world come?"
(2) He said to them: "That (resurrection) which you are awaiting has (already) come, but you do not recognize it."

Logion 52

(1) His disciples said to him: "Twenty-four prophets have spoken in Israel, and all (of them) have spoken through you[xx]."
(2) He said to them: "You have pushed away the living (one) from yourselves, and you have begun to speak of those who are dead."

Logion 53

(1) His disciples said to him: "Is circumcision beneficial, or not?"
(2) He said to them: "If it were beneficial, their father would beget them circumcised from their mother. (3) But the true circumcision in the spirit has prevailed over everything[xxi]."

Pawòl 51

(1) Disip li yo te di l: "Ki lè moun ki mouri yo pral leve, epi ki lè nouvo lemonn nan pral rive?"
(2) Li di yo: "Rezirekyon w ap tann nan te deja fèt, men nou pa konprann li."

Logion 51

(1) Ses disciples lui ont dit : « Quand la résurrection des morts se produira-t-elle, et quand le nouveau monde viendra-t-il ? »
(2) Il leur dit : « La résurrection que vous attendez a déjà eu lieu, mais vous ne la reconnaissez pas. »

Pawòl 52

(1) Disip li yo te di l: "Venn kat pwofèt te pale nan Izrayèl, epi yo tout te pale nan non ou."
(2) Li di yo: "Nou te repouse moun ki vivan an sou nou, epi nou te konmanse pale de moun ki mouri yo."

Logion 52

(1) Ses disciples lui ont dit : « Vingt-quatre prophètes ont parlé en Israël, et tous ont parlé à travers toi. »
(2) Il leur dit : « Vous avez repoussé le vivant de vous, et vous avez commencé à parler à ceux qui sont morts. »

Pawòl 53

(1) Disip li yo te di l: "Èske sikonsizyon gen avantaj ladan oswa non?"
(2) Li di yo: "Si l te enpòtan, Papa a ta fè yo tou sikonsi depi nan vant manman yo. (3) Men vre sikonsizyon an chita nan lespri nou, e se li ki pi enpòtan pase dènye bagay."

Logion 53

(1) Ses disciples lui ont dit : « La circoncision est-elle salutaire, ou pas ? »
(2) Il leur dit : « Si elle était salutaire, leur Père les engendrerait circoncis de leur mère. (3) Mais la vraie circoncision en esprit est plus salutaire que toute autre. »

Logion 54

Jesus says: "Blessed are the poor. For the kingdom of heaven belongs to you."

Logion 55

(1) Jesus says: "Whoever does not hate his father and his mother cannot become a disciple of mine.
(2) And whoever does not hate his brothers and his sisters (and) will not take up his cross as I do, will not be worthy of me."

Logion 56

(1) Jesus says: "Whoever has come to know the world has found a corpse. (2) And whoever has found (this) corpse, of him the world is not worthy."

Logion 57

(1) Jesus says: "The kingdom of the Father is like a person who had (good) seed. (2) His enemy came by night. He sowed darnel among the good seed.
(3) The person did not allow (the servants) to pull up the darnel. He said to them: 'Lest you go to pull up the darnel (and then) pull up the wheat along with it.'
(4) For on the day of the harvest the darnel will be apparent[xxii] and it will be pulled up (and) burned."

Pawòl 54

Jezi di: "Benediksyon pou pòv yo. Paske wayòm ki nan syèl la se pou yo."

Pawòl 55

(1) Jezi di: "Moun ki pa rayi papa li ak manman li pa kapab vin youn nan disip mwen yo.

(2) Epi moun ki pa rayi frè l yo ak sè l yo p ap sa pote kwa l nan fason m te pote pa m nan. E moun sa a p ap gen valè devan je mwen."

Pawòl 56

(1) Jezi di: "Tout moun ki vin konprann lemonn pral wè l kou yon kadav. (2) Men, nenpòt moun ki deside fè youn ak kadav sa a, moun nan pa merite l."

Pawòl 57

(1) Jezi di: "Wayòm Papa a se tankou yon moun ki te gen bon jan semans. (2) Lènmi li te vini lannuit. Li simen yon move plan semans pami bon plan semans yo. (3) Moun sa a pa te penmèt sèvant yo rache tout move plan semans yo. Li te di yo, 'M pa ta vle nou rache move plan semans lan pou evite pou nou pa rache bon plan an avèk li tou.' (4) Paske nan jou rekòt la, move plan semans lan pral parèt byen klè, epi lè sa a n a rache li epi boule li."

Logion 54

Jésus dit : « Heureux les pauvres. Car le royaume des cieux vous appartient. »

Logion 55

(1) Jésus dit : « Quiconque ne hait pas son père et sa mère ne peut pas devenir un de mes disciples.

(2) Et quiconque ne hait pas ses frères et sœurs et ne portera pas sa croix comme moi, ne sera pas digne de moi. »

Logion 56

(1) Jésus dit : « Quiconque a connu le monde a trouvé un cadavre.

(2) Et quiconque a trouvé ce cadavre, de lui le monde n'est pas digne. »

Logion 57

(1) Jésus dit : « Le royaume du Père est comme un homme qui avait une bonne semence. (2) Son ennemi est venu la nuit. Il sema de l'ivraie parmi la bonne semence.

(3) L'homme ne laissa pas les serviteurs arracher l'ivraie. Il leur dit : "De peur que vous n'arrachiez l'ivraie et puis arrachiez la bonne semence avec elle."

(4) Car le jour de la récolte, l'ivraie sera apparente et elle sera arrachée et brûlée. »

Logion 58

Jesus says: "Blessed is the person who has struggled[xxiii] (and) has found life."

Logion 59

Jesus says: "Look for the Living One while you are alive, so that you will not die and (then) seek to see him. And you will not be able to see (him)."[xxiv]

Logion 60

(1) <He saw> a Samaritan who was trying to take away a lamb while he was on his way to Judea.
(2) He said to his disciples: "That (person) is stalking the lamb."
(3) They said to him: "So that he may kill it (and) eat it."
(4) He said to them: "As long as it is alive he will not eat it, but (only) when he has killed it (and) it has become a corpse."
(5) They said: "Otherwise he cannot do it."
(6) He said to them: "You, too, look for a place for your repose so that you may not become a corpse (and) get eaten."

Pawòl 58

Jezi di: "Benediksyon pou moun ki te soufri. Li jwenn lavi."

Logion 58

Jésus dit : « Heureux celui qui s'est battu et a trouvé la vie. »

Pawòl 59

Jezi di: "Chache Bondye Vivan an toutotan w ap viv, konsa ou p ap mouri, pwofite chache wè l kounye a paske apre w mouri, ou p ap gen chans sa apre."

Logion 59

Jésus dit : « Cherchez le Vivant Unique tant que vous vivrez, afin que vous ne mourriez pas et alors ne cherchiez à le voir. Et vous ne serez pas capable de le voir. »

Pawòl 60

(1) <Li te wè> yon Samariten ki t ap seye vòlè yon mouton pandan l te sou wout pou li ale nan peyi Jide.
(2) Li te di disip li yo: "Moun sa a [dèyè] kenbe mouton an."
(3) Yo te di li: "Pou li kapab touye l epi manje l."
(4) Li te di yo: "Tank mouton an vivan, li p ap manje l, men sèlman lè li touye l epi li tounen yon kadav."
(5) Yo te di: "Sinon li p ap ka fè l."
(6) Li te di yo: "Ou menm, tou, chache yon kote pou repoze w pou ou pa tounen yon kadav yo pral manje."

Logion 60

(1) <Il a vu> un Samaritain qui était en train d'essayer d'emporter un agneau alors qu'il faisait route vers la Judée.
(2) Il dit à ses disciples : « Cet homme [est en train de] traquer l'agneau. »
(3) Ils lui ont dit : « Afin qu'il puisse le tuer et le manger. »
(4) Il leur dit : « Aussi longtemps qu'il est vivant, il ne le mangera pas, mais seulement lorsqu'il l'aura tué et sera devenu un cadavre. »
(5) Ils ont dit : « Autrement il ne pourra pas le faire. »
(6) Il leur dit : « Vous, également, cherchez un lieu pour votre repos afin que vous puissiez ne pas devenir un cadavre et être mangé. »

Logion 61

(1) Jesus said: "Two will rest on a bed. The one will die, the other will live."
(2) Salome said: "(So) who are you, man? You have gotten a place on my bed as a <stranger> and you have eaten from my table."
(3) Jesus said to her: "I am he who comes from the one who is (always) the same. I was given some of that which is my Father's."
(4) "I am your disciple!"
(5) Therefore I say: "If someone becomes <like>xxv (God), he will become full of light. But if he becomes one, separated (from God), he will become full of darkness."

Logion 62

(1) Jesus says: "I tell my mysteries to those who [are worthy] of [my] mysteries."
(2) "Whatever your right hand does, your left hand should not know what it is doing."

Logion 63

(1) Jesus says: "There was a rich person who had many possessions. (2) He said: 'I will use my possessions so that I might sow, reap, plant, (and) fill my storehouses with fruit so that I will not lack anything.' (3) This was what he was thinking in his heart. And in that night he died.
(4) Whoever has ears should hear."

Pawòl 61

(1) Jezi te di: "De moun pral kouche sou yon kabann: yonn pral mouri, epi lòt la ap viv."
(2) Salome te di: "Alò ki moun ou ye, nèg? Ou te jwenn yon plas sou kabann mwen an tankou yon etranje epi ou te manje sou tab mwen."
(3) Jezi te di fi a: "Mwen se sila ki soti nan sila ki vivan an epi ki pa janm chanje. Mwen te resevwa tout sa ki bon bò kote Papa m."
(4) "Mwen se disip ou!"
(5) Kidonk mwen di: "Si yon moun vin tankou (Bondye), li pral vin viv nan limyè. Men si l vin tankou youn moun ki separe ak Bondye, tenèb ap anvayi li."

Pawòl 62

(1) Jezi di: "Mwen rakonte mistè [m] yo bay moun ki [diy] pou koute yo."
(2) "Nenpòt sa men dwat ou fè, men gòch ou pa fèt pou l konnen l."

Pawòl 63

(1) Jezi di: "Te gen yon nonm rich ki te gen anpil byen. (2) Li te di, 'Mwen pral fè byen mwen yo travay pou m ka simen, rekòlte, plante epi ranpli galata m nan ak fwi pou m pa manke anyen.' (3) Se sa l t ap panse nan kè l. Epi menm lannuit sa a li te mouri.
(4) Moun ki gen zorèy pou tande, tande."

Logion 61

(1) Jésus dit : « Deux se reposeront sur un lit. L'un mourra, l'autre vivra. »
(2) Salomé dit : « Alors qui es-tu, homme ? Tu as reçu une place dans mon lit en tant qu'étranger et tu as mangé à ma table. »
(3) Jésus lui dit : « Je suis celui qui vient de celui qui est toujours le même. Il m'a été donné de ce qui est à mon Père. »
(4) « Je suis ton disciple. »
(5) En conséquence je dis : « Si quelqu'un devient comme Dieu, il deviendra plein de lumière. Mais s'il devient un, séparé de Dieu, il deviendra plein de ténèbres. »

Logion 62

(1) Jésus dit : « Je dis mes mystères à ceux qui [sont dignes] de [mes] mystères. »
(2) « Quoi que fasse ta main droite, ta main gauche ne devrait pas le savoir. »

Logion 63

(1) Jésus dit : « Il y avait un homme riche qui avait beaucoup de biens. (2) Il dit : "Je vais utiliser mes biens afin de pouvoir semer, moissonner, planter, et remplir mes entrepôts avec des fruits afin de ne manquer de rien." (3) C'était ce qu'il pensait dans son cœur. Et cette nuit-là il est mort.
(4) Quiconque a des oreilles devrait entendre! »

Logion 64

(1) Jesus says: "A person had guests. And when he had prepared the dinner, he sent his servant so that he might invite the guests. (2) He came to the first (and) said to him: 'My master invites you.' (3) He said: 'I have bills against some merchants. They are coming to me this evening. I will go (and) give instructions to them. Excuse me from the dinner.' (4) He came to another (and) said to him: 'My master has invited you.' (5) He said to him: 'I have bought a house, and I have been called (away) for a day. I will not have time.' (6) He went to another (and) said to him: 'My master invites you.' (7) He said to him: 'My friend is going to marry, and I am the one who is going to prepare the meal. I will not be able to come. Excuse me from the dinner.' (8) He came to another (and) said to him: 'My master invites you.' (9) He said to him: 'I have bought a village. Since I am going to collect the rent, I will not be able to come. Excuse me.' (10) The servant went away. He said to his master: 'Those whom you invited to dinner have asked to be excused.' (11) The master said to his servant: 'Go out on the roads. Bring (back) whomever you find, so that they might have dinner.' (12) Dealers and merchants [will] not enter the places of my Father."

Pawòl 64

(1) Jezi di: "Yon moun te gen envite lakay li. Epi lè l te fin prepare dine a, li te voye sèvant li rele envite yo pou manje. (2) Li te al kote premye a epi l di l: 'Mèt mwen envite w.' (3) Li te di: 'M gen lajan deyò nan men kèk machann. Yo pral vini kote m aswè a. M prale pou m ranmase lajan mwen. Eskize m paske m p ap sa vini nan dine a.' (4) Li te vini bò kote yon lòt epi l di l: 'Mèt mwen te envite w.' (5) Li te di l: 'Mwen te achte yon kay, jou ou envite m nan, se jou sa m gen pou m finalize zafè kay la. Kidonk, mwen p ap gen tan.' (6) Li te ale bò kote yon lòt epi li di li: 'Mèt mwen envite w.' (7) Li te di li: 'Zanmi m pral marye, epi se mwen menm ki pral pare repa a. M p ap kapab vini. Eskize m paske m p ap sa vini nan dine a.' (8) Li te ale bò kote yon lòt epi li di li: 'Mèt mwen envite w.' (9) Li te di li: 'Mwen fèk sot achte yon ti vil la, Kòm m pral ranmase lajan lwaye yo, mwen p ap kapab vini. Eskize m.' (10) Sèvant lan te soti ale. Li di mèt li: 'Moun ou te envite yo nan dine a, yo mande pou ou eskize yo paske yo p ap sa vini.' (11) Mèt la te di sèvant li: 'Soti nan lari a, epi retounen ak nenpòt moun ou rankontre, konsa y a manje dine a.' (12) Bizismann ak machann yo p ap antre nan kay Papa m nan."

Logion 64

(1) Jésus dit : « Un homme avait des hôtes. Et après avoir préparé le dîner, il a envoyé son serviteur afin d'inviter ses hôtes. (2) Il est allé chez le premier et lui dit : "Mon maître t'invite." (3) Il dit : "J'ai des factures à encaisser auprès de certains marchands. Ils viennent chez moi ce soir. J'irai et leur donnerai mes instructions. Excuse-moi pour le dîner." (4) Il est allé chez un autre et lui dit : "Mon maître t'a invité." (5) Il lui dit : "J'ai acheté une maison, et on me demande pour un jour. Je n'aurai pas le temps." (6) Il est allé chez un autre et lui dit : "Mon maître t'invite." (7) Il lui dit : "Mon ami va se marier, et c'est moi qui vais préparer le dîner. Je ne pourrai pas venir. Excuse-moi pour le dîner." (8) Il est allé chez un autre et lui dit : "Mon maître t'invite." (9) Il lui dit : "J'ai acheté un village. Puisque je vais aller collecter le loyer, je ne pourrai venir. Excuse-moi. (10) Le serviteur s'en est allé. Il dit à son maître : "Ceux que tu as invité à dîner ont demandé à être excusés." (11) Le maître dit à son serviteur : "Va sur les routes. Ramène qui tu trouves, afin qu'ils puissent venir dîner." (12) Vendeurs et marchands n'entre[ront] pas dans les lieux de mon Père. »

Logion 65

(1) He said: "A [usurer]ˣˣᵛⁱ owned a vineyard. He gave it to some farmers so that they would work it (and) he might receive its fruit from them.
(2) He sent his servant so that the farmers might give him the fruit of the vineyard. (3) They seized his servant, beat him, (and) almost killed him. The servant went (back and) told his master.
(4) His master said: 'Perhaps <they> did not recognize <him>ˣˣᵛⁱⁱ.' (5) He sent another servant, (and) the farmers beat that other one as well. (6) Then the master sent his son (and) said: 'Perhaps they will show respect for my son.'
(7) (But) those farmers, since they knew that he was the heir of the vineyard, seized him (and) killed him.
(8) Whoever has ears should hear."

Logion 66

Jesus says: "Show me the stone that the builders have rejected. It is the cornerstone."

Pawòl 65

(1) Li te di: "Te gen yon moun ki te konn prete lòt lajan alenterè, moun sa a se te pwopriyetè yon jaden rezen. Li te bay kèk abitan travay tè a pou yo pote fwi rekòt la ba li. (2) Li te voye sèvant li kote abitan yo pou yo bay li fwi ki soti nan jaden rezen an. (3) Yo te kenbe sèvant li, yo te bat li, yo manke touye l. Sèvant lan te tounen di mèt li sa. (4) Mèt li te di, 'Petèt yo pa te rekonnèt li.' (5) Li te voye yon lòt sèvant, epi abitan yo te bat lòt la tou. (6) Apre sa pwopriyetè a te voye gason li an epi l te di, 'Petèt y a montre yo gen respè pou pitit mwen.' (7) Men abitan sa yo, poutèt yo te konnen pitit li se eritye jaden rezen an, yo te pran l epi yo te touye l.
(8) Moun ki gen zòrèy pou tande, tande."

Logion 65

(1) Il dit : « Un usurier possédait un vignoble. Il l'a donné à des fermiers afin qu'ils puissent le cultiver et qu'il puisse en recevoir d'eux le fruit. (2) Il a envoyé son serviteur afin que les fermiers lui donnent le fruit du vignoble.
(3) Ils se sont emparés de son serviteur, l'ont frappé, et l'ont presque tué. Le serviteur est revenu et l'a dit à son maître.
(4) Son maître dit : "Peut-être ne l'ont-ils pas reconnu." (5) Il a envoyé un autre serviteur, et les fermiers l'ont frappé également.
(6) Alors le maître a envoyé son fils et dit : "Peut-être respecteront-ils mon fils."
(7) Mais ces fermiers, quand ils ont appris qu'il était l'héritier du vignoble, se sont emparés de lui et l'ont tué.
(8) Quiconque a des oreilles devrait entendre. »

Pawòl 66

Jezi di: "Montre m wòch mason yo te voye jete a. Se wòch sa menm ki kenbe kay la."

Logion 66

Jésus dit : « Montre-moi la pierre que les bâtisseurs ont rejetée. C'est la pierre d'angle. »

Logion 67

Jesus says: "Whoever knows all, if he is lacking one thing, he is lacking everywhere^{xxviii}."

Logion 68

(1) Jesus says: "Blessed are you when(ever) they hate you (and) persecute you.
(2) But they (themselves) will find no place there where they have persecuted you."

Logion 69

(1) Jesus says: "Blessed are those who have been persecuted in their heart. They are the ones who have truly come to know the Father."
(2) "Blessed are those who suffer from hunger to satisfy the belly of the one who wishes it."

Logion 70

(1) Jesus says: "If you bring it into being within you, (then) that which you have will save you.
(2) If you do not have it within you, (then) that which you do not have within you [will] kill you."

Pawòl 67

Jezi di: "Moun ki konnen tout bagay, si li manke youn vigil, li deja manke tout bagay."

Pawòl 68

(1) Jezi di: "Benediksyon pou ou chak fwa yo rayi w oswa pèsekite w.
(2) Men yo menm yo p ap jwenn okenn plas kote yo te pèsekite w."

Pawòl 69

(1) Jezi di: "Benediksyon pou sila yo ki te pèsekite jouk nan kè yo. Se yo menm ki te vreman vin konnen Papa a."
(2) "Benediksyon pou sila yo ki soufri grangou pou pèmèt lòt moun ki anvi manje manje vant deboutonnen."

Pawòl 70

(1) Jezi di: "Si w fè l manifeste nan ou menm, alò sa w genyen an pral sove w. (2) Si w pa genyen l andedan w, alò sa w pa genyen andedan w, pral tiye w."

Logion 67

Jésus dit : « Quiconque connaît tout, s'il lui manque une chose, il lui manque déjà la totalité. »

Logion 68

(1) Jésus dit : « Heureux êtes-vous chaque fois que vous êtes haï et persécuté.
(2) Mais ils (eux-mêmes) ne trouveront pas de lieu là où ils vous ont persécuté. »

Logion 69

(1) Jésus dit : « Heureux sont ceux qui ont été persécutés dans leur cœur. Ils sont ceux qui ont vraiment connu le Père. »
(2) « Heureux sont ceux qui sont affamés afin de satisfaire le ventre de ceux qui le souhaitent. »

Logion 70

(1) Jésus dit : « Si vous le produisez en vous, alors ce que vous avez vous sauvera. (2) Si vous ne l'avez pas en vous, alors ce que vous n'avez pas en vous vous tue[ra]. »

Logion 71

Jesus says: "I will [destroy this] house, and no one will be able to build it (again) — [except me]."

Logion 72

(1) A [person said] to him: "Tell my brothers that they have to divide my father's possessions with me."
(2) He said to him: "Man, who made me a divider?"
(3) He turned to his disciples (and) said to them: "I am not a divider, am I?"

Logion 73

Jesus says: "The harvest is plentiful but there are few workers. But beg the Lord that he may send workers into the harvest."

Logion 74

He said: "Lord, there are many around the well, but there is nothing[xxix] in the <well>[xxx]."

Pawòl 71

Jezi di: "M [pral detwi] kay [sa a], epi okenn moun p ap kapab bati l ankò — [sof mwen]."

Logion 71

Jésus dit : « Je [détruirai cette] maison, et personne ne pourra la reconstruire — [moi excepté]. »

Pawòl 72

(1) Yon [moun] di [l]: "Di frè m yo pou yo separe zafè papa m yo avèk mwen."
(2) Li te di li: "Nèg, ki moun ki ban m dwa pou m separe yo?
(3) Li te vire gade disip li yo epi li te di yo: "Mwen pa yon moun ki la pou separe, pa vre?"

Logion 72

(1) Un [homme lui] dit : « Dis à mes frères de partager les biens de mon père avec moi. »
(2) Il lui dit : « Homme, qui a fait de moi un partageur ? »
(3) Il se tourna vers ses disciples et leur dit : « Je ne suis pas un partageur, n'est-ce pas ? »

Pawòl 73

Jezi di: "Rekòt la gwo men pa gen anpil travayè. Men, ann priye pou Granmèt la voye travayè pou rekòt la."

Logion 73

Jésus dit : « La moisson est abondante, mais il y a peu d'ouvriers. Mais priez le Seigneur qu'il envoie des ouvriers à la moisson. »

Pawòl 74

Li di: "Senyè, gen anpil moun ozalantou pi a, men pa gen anyen nan pi a."

Logion 74

Il dit : « Seigneur, ils sont nombreux autour du puits, mais il n'y a rien dans le puits. »

Logion 75
Jesus says: "Many are standing before the door, but it is the solitary ones who will enter the wedding hall."

Logion 76
(1) Jesus says: "The kingdom of the Father is like a merchant who had merchandise and found a pearl.
(2) That merchant is prudent. He sold the goods (and) bought for himself the pearl alone.
(3) You too look for his treasure which does not perish, (and) which stays where no moth can reach it to eat it, and no worm destroys it."

Logion 77
(1) Jesus says: "I am the light that is over all. I am the All. The All came forth out of me. And to me the All has come."
(2) "Split a piece of wood — I am there.
(3) Lift the stone, and you will find me there."

Logion 78
(1) Jesus says: "Why did you go out to the countryside? To see a reed shaken by the wind,
(2) and to see a person dressed in soft clothing [like your] kings and your great persons[xxxi]? (3) They are dressed in soft clothing and will not be able to recognize the truth."

Pawòl 75

Jezi te di: "Anpil moun ap kanpe devan pòt la, men se sèl moun ki pou kont yo ki pral antre nan sal maryaj la."

Logion 75

Jésus dit : « Beaucoup se tiennent devant la porte, mais ce sont les solitaires qui entreront dans la chambre nuptiale. »

Pawòl 76

(1) Jezi di: "Wayòm Papa a se tankou yon machann ki te gen anpil machandiz. Nan machandiz yo, li te jwenn yon bèl grenn pèl. (2) Machann sa a te pridan. Li te vann tout bon machandiz yo epi li achte grenn pèl la pou tèt li. (3) Nou tou n ap chache yon trezò ki p ap janm peri, epi ki yon kote okenn mit pa ka pwoche oswa manje epi okenn vè pa ka detwi."

Logion 76

(1) Jésus dit : « Le royaume du Père est comme un marchand qui avait des marchandises et a trouvé une perle. (2) Ce marchand est prudent. Il a vendu les biens et a acheté pour lui la perle seule. (3) Vous aussi cherchez ce trésor qui ne périt pas, et qui demeure où la mite ne peut l'atteindre pour le manger, et où aucun vers ne le détruit. »

Pawòl 77

(1) Jezi di: "Mwen se limyè ki klere sou tout bagay. Mwen se Tout la. Tout la te soti nan mwen. Epi se nan mwen Tout la ye." (2) "Fann yon moso bwa — m la. (3) Leve wòch la, epi w ap jwenn mwen la."

Logion 77

(1) Jésus dit : « Je suis la lumière qui est sur tout. Je suis le Tout. Le Tout est sorti de moi. Et à moi le Tout est venu. » (2) « Fendez du bois — je suis là. (3) Soulevez la pierre, et vous me trouverez là. »

Pawòl 78

(1) Jezi di: "Pou ki sa w te al andeyò? Pou wè yon wozo van an ap souke, (2) epi pou wè yon moun ki mete rad swa tankou wa ak grannèg ou yo? (3) Yo gen rad swa sou kò yo, epi yo p ap kapab rekonnèt laverite."

Logion 78

(1) Jésus dit : « Pourquoi es-tu allé dans la campagne ? Pour voir un roseau secoué par le vent, (2) et pour voir un homme habillé avec des vêtements soyeux [comme vos] rois et vos personnages importants ? (3) Ils portent des vêtements soyeux et ne seront pas capables de reconnaître la vérité. »

Logion 79
(1) A woman in the crowd said to him: "Hail to the womb that carried you and to the breasts that fed you."
(2) He said to [her]: "Hail to those who have heard the word of the Father (and) have truly kept it.
(3) For there will be days when you will say: 'Hail to the womb that has not conceived and to the breasts that have not given milk.'"

Logion 80
(1) Jesus says: "Whoever has come to know the world has found the (dead) body. (2) But whoever has found the (dead) body, of him the world is not worthy[xxxii]."

Logion 81
(1) Jesus says: "Whoever has become rich should be king.
(2) And the one who has power should renounce (it)."

Logion 82
(1) Jesus says: "The person who is near me is near the fire.
(2) And the person who is far from me is far from the kingdom."

Pawòl 79

(1) Yon dam nan foul la te di li: "Benediksyon pou vant ki te ba w lavi, epi pou tete ki te nouri ou."

(2) Li te di [li]: "Benediksyon pou moun ki te tande pawòl Papa a epi ki te vreman kenbe l.

(3) Paske, ap gen yon jou, ou pral di, 'Benediksyon pou vant ou pa t soti ladan epi pou tete ki pa t ba w tete.'"

Pawòl 80

(1) Jezi di: "Tout moun ki vin konprann lemonn pral wè l kou yon kadav. (2) Men, nenpòt moun ki deside fè youn ak kadav sa, monn nan pa merite l."

Pawòl 81

(1) Jezi di: "Nenpòt moun ki vin rich ta dwe wa.

(2) Epi moun ki gen pouvwa ta dwe kite sa."

Pawòl 82

(1) Jezi di: "Nenpòt moun ki tou pre m, li tou pre dife a.

(2) Epi moun ki lwen m nan, li lwen wayòm nan."

Logion 79

(1) Une femme dans la foule lui dit : « Salue le ventre qui t'a porté et les seins qui t'ont nourri. »

(2) Il [lui] dit : « Salue ceux qui ont entendu la parole du Père et qui l'ont gardée en vérité.

(3) Car viendront des jours où tu diras : "Salue le ventre qui ne t'a pas conçu et les seins qui ne t'ont pas donné de lait". »

Logion 80

(1) Jésus dit : « Quiconque a connu le monde a trouvé le corps mort. (2) Mais quiconque a trouvé le corps mort, de lui le monde n'est pas digne. »

Logion 81

(1) Jésus dit : « Quiconque est devenu riche devrait être roi.

(2) Et celui qui a de la puissance devrait y renoncer. »

Logion 82

(1) Jésus dit : « L'homme qui est près de moi est près du feu.

(2) Et l'homme qui est loin de moi est loin du royaume. »

Logion 83

(1) Jesus says: "The images are visible to humanity, but the light within them is hidden in the image.

(2) {}ˣˣˣⁱⁱⁱ The light of the Father will reveal itself, but his image is hidden by his light."

Logion 84

(1) Jesus says: "When you see your likenesses you are full of joy. (2) But when you see your likenesses that came into existence before you — they neither die nor become manifest — how much will you bear?"

Logion 85

(1) Jesus says: "Adam came from a great power and great wealth. But he did not become worthy of you. (2) For if he had been worthy, (then) [he would] not [have tasted] death."

Logion 86

(1) Jesus says: "[Foxes have] their holes and the birds have their nest. (2) But the son of man has no place to lay his head down (and) to rest."

Pawòl 83
(1) Jezi di: "Imaj yo vizib pou limanite, men limyè ki nan yo rete kache.
(2) Limyè Papa a pral devwale pou kont li menm, men imaj li kache nan limyè a."

Logion 83
(1) Jésus dit : « Les images sont visibles pour l'humanité, mais la lumière qui leur est intérieure est cachée dans l'image.
(2) La lumière du Père se révélera elle-même, mais son image est cachée par sa lumière. »

Pawòl 84
(1) Jezi di: "Lè w wè pòtre figi ou, ou plen lajwa. (2) Men lè w wè pòtre figi pwochen w ki te egziste anvan pa ou a — yo pa ni mouri ni vivan — pou konben tan w ap ka kenbe?"

Logion 84
(1) Jésus dit : « Quand vous voyez vos ressemblances vous êtes plein de joie. (2) Mais quand vous voyez votre ressemblance qui vint à l'existence avant vous — elles ne meurent ni ne se manifestent — combien pourrez-vous supporter ? »

Pawòl 85
(1) Jezi di: "Adan soti nan yon fanmi ki gen gwo pouvwa ak anpil richès. Men li pa te diy devan je ou. (2) Paske, si li te pi diy, li pa ta goute lanmò."

Logion 85
(1) Jésus dit : « Adam est venu d'une grande puissance et d'une grande richesse. Mais il n'est pas devenu digne de vous. (2) Car s'il avait été digne, alors il n'aurait pas goûté la mort. »

Pawòl 86
(1) Jezi di: "[Chat mawon gen] twou pa yo epi zwazo gen nich pa yo. (2) Men pitit limanite pa gen kote pou li apiye tèt li, epi repoze li."

Logion 86
(1) Jésus dit : « [Les renards ont] leurs tanières et les oiseaux ont leurs nids. (2) Mais le fils de l'homme n'a nulle part pour poser sa tête et se reposer. »

Logion 87

(1) Jesus said: "Wretched is the body that depends on a body. (2) And wretched is the soul that depends on these two."

Logion 88

(1) Jesus says: "The messengers[xxxiv] and the prophets are coming to you, and they will give you what belongs to you. (2) And you, in turn, give to them what you have in your hands (and) say to yourselves: 'When will they come (and) take what belongs to them?'"

Logion 89

(1) Jesus says: "Why do you wash the outside of the cup? (2) Do you not understand that the one who created the inside is also the one who created the outside?"

Logion 90

(1) Jesus says: "Come to me, for my yoke is gentle[xxxv] and my lordship is mild. (2) And you will find repose for yourselves."

Pawòl 87
(1) Jezi te di: "Podjab pou kò a ki depann de kò a. (2) Epi podjab pou nanm nan ki depann de de bagay sa yo."

Pawòl 88
(1) Jezi di: "Zanj yo ak pwofèt yo ap vini bò kote w, epi yo pral ba w sa ki pou ou. (2) Epi ou menm, nan tou pa w, ba yo sa w genyen nan men w, epi di pwòp tèt ou: 'Ki lè yo pral vini (epi) pran sa ki pou yo?'"

Pawòl 89
(1) Jezi di: "Pou ki sa w lave deyò tas la? (2) Èske ou pa rann ou kont sila ki te fè anndan an se li menm ki fè deyò a?"

Pawòl 90
(1) Jezi di: "Vini bò kote m, paske règ mwen yo mwens di epi reny mwen an dou. (2) Epi w ap jwenn repo pou ou menm."

Logion 87
(1) Jésus dit : « Misérable est le corps qui dépend d'un corps. (2) Et misérable est l'âme qui dépend de ces deux. »

Logion 88
(1) Jésus dit : « Les messagers et les prophètes sont en train de venir à vous, et ils vous donneront ce qui vous revient. (2) Et vous, en retour, donnez-leur ce que vous avez dans vos mains et dites-vous à vous-mêmes : "Quand viendront-ils (et) prendront-ils ce qui leur revient ?" »

Logion 89
(1) Jésus dit : « Pourquoi lavez-vous l'extérieur de la coupe ? (2) Ne comprenez-vous pas que celui qui a créé l'intérieur est aussi celui qui a créé l'extérieur ? »

Logion 90
(1) Jésus dit : « Venez à moi, car mon joug est peu sévère et mon règne est doux. (2) Et vous trouverez du repos pour vous-mêmes. »

Logion 91

(1) They said to him: "Tell us who you are so that we may believe in you."

(2) He said to them: "You examine the face of sky and earth; but the one who is before you, you have not recognized, and you do not know how to test this opportunity[xxxvi]."

Logion 92

(1) Jesus says: "Seek and you will find.

(2) But the things you asked me about in past times, and what I did not tell you in that day, now I am willing to tell you, but you do not seek them."[xxxvii]

Logion 93

(1) "Do not give what is holy to the dogs, lest they throw it upon the dunghill.

(2) Do not throw pearls to swine, lest they turn \<them\>[xxxviii] into [mud][xxxix]."

Logion 94

(1) Jesus [says]: "The one who seeks will find.

(2) [The one who knocks], to that one will it be opened."

Pawòl 91
(1) Yo te di l: "Di n ki moun ou ye pou nou ka kwè nan ou."
(2) Li te di yo: "Ou te egzaminen figi syèl la ak latè a, men sila ki te vin devan ou a, ou pa te rekonnèt li, epi ou pa konnen ki jan pou ou teste opòtinite sa a."

Pawòl 92
(1) Jezi di: "Chache epi w a jwenn.
(2) Men, bagay ou t ap mande m yo nan tan pase yo, m pa te di w jou sa a, konnya m pare pou m di w yo, men w pa chache yo."

Pawòl 93
(1) "Pa bay chen yo sa ki sakre pou yo pa jete sa move kote.
(2) Pa voye grenn pèl jete bay kochon pou yo pa fè yo vin tounen labou."

Pawòl 94
(1) Jezi [di]: "Moun k ap chache va jwenn.
(2) [Moun k ap frape], y a louvri pou li."

Logion 91
(1) Ils lui ont dit : « Dis-nous qui tu es afin que nous puissions croire en toi. »
(2) Il leur dit : « Vous étudiez l'aspect du ciel et de la terre ; mais celui qui est devant vous, vous ne l'avez pas reconnu, et vous ne savez pas comment tirer parti de cette opportunité. »

Logion 92
(1) Jésus dit : « Cherchez et vous trouverez.
(2) Mais les choses que vous m'avez demandé dans le passé, et que je ne vous ai pas dites ce jour-là, je veux maintenant vous les dire, mais vous ne les cherchez pas. »

Logion 93
(1) « Ne donnez pas ce qui est sacré aux chiens, de peur qu'ils ne le jettent dans le fumier.
(2) Ne jetez pas de perles aux pourceaux, de peur qu'ils ne les transforment en boue. »

Logion 94
(1) Jésus [dit] : « Celui qui cherche trouvera.
(2) [Celui qui frappe], on lui ouvrira. »

Logion 95

(1) [Jesus says:] "If you have money, do not lend (it) out at interest. (2) Rather give [it] to the one from whom you will not get it (back)[xl]."

Logion 96

(1) Jesus [says]: "The kingdom of the Father is like [a] woman. (2) She took a little bit of yeast. [She] hid it in dough (and) made it into huge loaves of bread.
(3) Whoever has ears should hear."

Logion 97

(1) Jesus says: "The kingdom of the [Father] is like a woman who is carrying a [jar] filled with flour. (2) While she was walking on [a] long way the handle of the jar broke (and) the flour leaked out [on] the path. (3) (But) she did not know (it); she had not noticed (anything) while <she> toiled[xli]. (4) When she reached her house, she put the jar down on the floor (and) found it empty."

Pawòl 95

(1) [Jezi di:] "Si w gen lajan, pa prete l alenterè. (2) Pito w prete moun ki p ap sa renmèt ou li."

Pawòl 96

(1) Jezi [di]: "Wayòm Papa a se tankou [yon] fanm. (2) Li te pran yon ti kras ledven. Li te kache l nan yon pat epi l te fè l vin tounen yon pakèt gwo moso pen.
(3) Moun ki gen zorèy pou tande, tande."

Pawòl 97

(1) Jezi di: "Wayòm [Papa] a se tankou yon fanm k ap pote yon ja plen farin. (2) Pandan l t ap mache sou wout [la], byen lwen anvan l rive lakay li, manch ja a kase epi farin nan tonbe gaye dèyè l [sou] tout wout la. (3) Men li pa t rann ni kont de sa, li pa t remake okenn pwoblèm. (4) Lè l rive lakay li, li te mete ja a atè a, epi l jwenn li vid."

Logion 95

(1) [Jésus dit :] « Si vous avez de l'argent, ne le prêtez pas à intérêt. (2) Donnez-le plutôt à celui qui ne vous le rendra pas. »

Logion 96

(1) Jésus [dit] : « Le royaume du Père est comme [une] femme. (2) Elle a pris un peu de levain. [Elle] le cacha dans de la pâte et en fit d'énormes miches de pain. (3) Quiconque a des oreilles devrait entendre. »

Logion 97

(1) Jésus dit : « Le royaume du [Père] est comme une femme qui transporte une jarre pleine de farine. (2) Pendant qu'elle marchait sur [le] long chemin, l'anse de la jarre s'est cassée et la farine s'est répandue progressivement [sur] le chemin. (3) Mais elle ne le savait pas ; elle n'avait rien remarqué pendant qu'elle peinait. (4) Quand elle est arrivée chez elle, elle a déposé la jarre sur le sol et l'a trouvée vide. »

Logion 98

(1) Jesus says: "The kingdom of the Father is like a person who wanted to kill a powerful[xlii] person. (2) He drew the sword in his house (and) stabbed it into the wall to test whether his hand would be strong (enough). (3) Then he killed the powerful one."

Logion 99

(1) The disciples said to him: "Your brothers and your mother are standing outside."
(2) He said to them: "Those here, who do the will of my Father, they are my brothers and my mother. (3) They are the ones who will enter the kingdom of my Father."

Logion 100

(1) They showed Jesus a gold coin and said to him: "Caesar's people demand taxes from us."
(2) He said to them: "Give Caesar (the things) that are Caesar's. (3) Give God (the things) that are God's. (4) And what is mine give me."

Pawòl 98

(1) Jezi di: "Wayòm Papa a se tankou yon moun ki te vle touye yon gwo chabrak. (2) Lè li te nan kay li, li rale nepe li epi l voye l nan mi an pou teste si men li gen ase fòs. (3) Konsa, li te touye gwo chabrak la."

Pawòl 99

(1) Disip yo te di li: "Frè ou yo ak manman ou kanpe deyò a." (2) Li te di yo: "Moun ki fè volonte Papa m, se yo ki frè m ak manman m. (3) Yo se moun ki pral antre nan wayòm Papa m nan."

Pawòl 100

(1) Yo te montre Jezi yon pyès lò epi yo te di l: "Moun Seza yo mande pou n peye enpo." (2) Li te di yo: "Bay Seza sa k pou Seza. (3) Bay Bondye sa k pou Bondye. (4) Epi sa ki pou mwen, ban mwen li."

Logion 98

(1) Jésus dit : « Le royaume du Père est comme un homme qui voulait tuer un puissant. (2) Il a dégainé l'épée dans sa maison et l'a plantée dans le mur afin de s'assurer que sa main serait assez forte. (3) Alors il a tué le puissant. »

Logion 99

(1) Les disciples lui ont dit : « Tes frères et ta mère se tiennent dehors. » (2) Il leur dit : « Ceux ici, qui font la volonté de mon Père, ils sont mes frères et ma mère. (3) Ils sont ceux qui entreront dans le royaume de mon Père. »

Logion 100

(1) Ils ont montré à Jésus une pièce d'or et lui ont dit : « Les gens de César nous demandent de payer des taxes. » (2) Il leur dit : « Donnez à César les choses qui sont celles de César. (3) Donnez à Dieu les choses qui sont celles de Dieu. (4) Et ce qui est à moi, donnez-le moi. »

Logion 101
(1) "Whoever does not hate his [father] and his mother as I do, will not be able to be a [disciple] of mine. (2) And whoever does [not] love his [father and] his mother as I do, will not be able to be a [disciple] of mine.
(3) For my mother [...]ˣˡⁱⁱⁱ, but my true [mother] gave me life."

Logion 102
Jesus says: "Woe to them, the Pharisees, for they are like a dog sleepingˣˡⁱᵛ in a cattle trough, for it neither eats nor [lets] the cattle eat."

Logion 103
Jesus says: "Blessed is the person who knows at which point (of the house)ˣˡᵛ the robbers are going to enter, so that [he] may arise to gather together his [domain] and gird his loin before they enter."

Logion 104
(1) They said to [Jesus]: "Come, let us pray and fast today!"
(2) Jesus said: "What sin is it that I have committed, or wherein have I been overcome?
(3) But when the bridegroom comes out of the wedding chamber, then one is to fast and pray."

Pawòl 101

(1) "Nenpòt moun ki pa rayi [papa] li ak manman li menm jan avè m, p ap kapab vin youn nan [disip] mwen. (2) Epi nenpòt moun ki [pa] renmen [papa] li [ak] manman li menm jan avè m, p ap kapab vin youn nan disip mwen. (3) Kanta pou manman mwen [...], [manman] m tout bon an, li te ban mwen lavi."

Pawòl 102

Jezi di: "Malè pou Farizyen yo, paske yo tankou ravèt, sa yo pa ka manje, yo pito gate l."

Pawòl 103

Jezi di: "Chans pou moun ki konnen ki kote vòlè yo pral antre, paske l ka leve pou l ranmase tout afè li, epi l ka ame li menm anvan yo anvayi li."

Pawòl 104

(1) Yo te di [Jezi]: "Vini, an nou lapriyè ak fè jèn jodi a!"
(2) Jezi te di: "Ki peche m te kòmèt, oswa nan ki sa m te fè eksè? (3) Men, lè nouvo marye a va kite chanm maryaj la, lè sa a, n a priye ak fè jèn."

Logion 101

(1) « Quiconque ne hait pas son [père] et sa mère comme moi, ne pourra pas devenir un de mes [disciples]. (2) Et quiconque n'aime [pas] son [père et] sa mère comme moi ne pourra pas devenir mon disciple.
(3) Car ma mère [...], mais ma vraie [mère] me donna la vie. »

Logion 102

Jésus dit : « Malheur à eux, les Pharisiens, car ils sont comme le chien dormant dans la mangeoire du bétail, car il ne mange ni ne laisse le bétail manger. »

Logion 103

Jésus dit : « Heureux est l'homme qui sait à quel endroit de la maison les voleurs entreront, car il pourra se lever et rassembler son [domaine] et se ceindre les reins avant qu'ils n'entrent. »

Logion 104

(1) Ils ont dit à [Jésus] : « Viens, prions et jeûnons aujourd'hui ! »
(2) Jésus dit : « Quel péché ai-je commis, ou en quoi ai-je été vaincu ? (3) Mais quand l'époux sort de la chambre nuptiale, alors jeûnons et prions. »

Logion 105

Jesus says: "Whoever will come to know father and mother, he will be called son of a whore."

Logion 106

(1) Jesus says: "When you make the two into one, you will become sons of man[xlvi].
(2) And when you say: 'Mountain, move away,' it will move away."

Logion 107

(1) Jesus says: "The kingdom is like a shepherd who had a hundred sheep. (2) One of them went astray, the largest. He left the ninety-nine, (and) he sought the one until he found it. (3) After he had toiled, he said to the sheep: 'I love you more than the ninety-nine.'"

Logion 108

(1) Jesus says: "Whoever will drink from my mouth will become like me. (2) I myself will become he (3) and what is hidden will be revealed to him."

Pawòl 105
Jezi di: "Nenpòt moun ki vin konnen papa ak manman l, y ap rele l pitit jennès."

Pawòl 106
(1) Jezi di: "Lè w fè de fè youn, ou pral vin pitit limanite.
(2) Epi lè w di: 'Mòn, deplase,' l ap deplase."

Pawòl 107
(1) Jezi di: "Wayòm nan tankou yon bèjè ki te gen san mouton.
(2) Yonn nan yo, pi gwo a, te pèdi wout li. Li te kite katreven diznèf yo epi l te chache l jiskaske l jwenn ni.
(3) Apre l fin redi pou jwenn li, li di mouton an: 'Mwen renmen w plis pase katreven diznèf yo.'"

Pawòl 108
(1) Jezi di: "Nenpòt moun ki mete an pratik tout sa ki soti nan bouch mwen pral vin tankou mwen. (2) Mwen menm, m pral vin li, (3) epi sa li pa t ka wè pral parèt aklè devan li."

Logion 105
Jésus dit : « Quiconque connaîtra [son] père et [sa] mère, on l'appellera fils de prostituée. »

Logion 106
(1) Jésus dit : « Lorsque vous vous faites de deux un, vous deviendrez les fils de l'homme.
(2) Et quand vous direz : "Montagne, déplace-toi", elle se déplacera. »

Logion 107
(1) Jésus dit : « Le royaume est comme un berger qui avait cent brebis. (2) Une d'elles s'est égarée, la plus grande. Il a laissé les quatre-vingt-dix-neuf, et il a cherché jusqu'à ce qu'il la trouve.
(3) Après avoir peiné, il dit à la brebis : "Je t'aime plus que les quatre-vingt-dix-neuf". »

Logion 108
(1) Jésus dit : « Quiconque boira de ma bouche deviendra comme moi. (2) Moi-même je deviendrai comme lui (3) et ce qui est caché lui sera révélé. »

Logion 109
(1) Jesus says: "The kingdom is like a person who has a hidden treasure in his field, [of which] he knows nothing. (2) And [after] he had died, he left it to his [son]. (But) the son did not know (about it either). He took over that field (and) sold [it]. (3) And the one who had bought it came, and started to plough, (and) [he found] the treasure. He began to lend money at interest to whom he wished."

Logion 110
Jesus says: "The one who has found the world (and) has become wealthy[xlvii] should renounce[xlviii] the world."

Logion 111
(1) Jesus says: "The heavens will roll up before you, and the earth.
(2) And whoever is living from the Living One will not see death."
(3) Does not Jesus say: "Whoever has found himself, of him the world is not worthy?"

Logion 112
(1) Jesus says: "Woe to the flesh that depends on the soul. (2) Woe to the soul that depends on the flesh."

Pawòl 109

(1) Jezi di: "Wayòm nan se tankou yon moun ki gen yon trezò ki kache nan jaden li san l pa konnen anyen. (2) Epi [apre] l te mouri, li te kite l nan men gason li an. Men gason an pa t konnen koze a nonplis. Li te eritye jaden sa a epi l te vann [ni]. (3) Epi moun ki te achte l la te vini, epi pandan li t ap travay jaden an, li [te jwenn] trezò a epi li te konmanse prete moun li vle lajan alenterè."

Pawòl 110

Jezi di: "Nenpòt moun ki jwenn lemonn, epi ki vin rich, li dwe vire do bay lemonn."

Pawòl 111

(1) Jezi di: "Syèl la tankou tè a ap pase devan w.
(2) Epi nenpòt moun k ap viv annamoni ak Bondye Vivan an, p ap konnen lanmò."
(3) Èske Jezi pa di: "Nenpòt moun ki dekouvri pwòp tèt pa l, nan je l, lemonn pa gen valè."

Pawòl 112

(1) Jezi di: "Malè pou lachè a ki depann de nanm nan. (2) Malè pou nanm nan ki depann de lachè a."

Logion 109

(1) Jésus dit : « Le royaume est comme un homme qui a un trésor caché dans son champ, [duquel] il ignore tout. (2) Et [après] qu'il soit mort, il l'a laissé à son fils. Mais le fils ne savait rien du trésor non plus. Il a pris le champ et [l']a vendu. (3) Et celui qui l'avait acheté vint, et commença à labourer, et [il trouva] le trésor. Il a commencé à prêter de l'argent à intérêt à qui il voulait. »

Logion 110

Jésus dit : « Celui qui a trouvé le monde et est devenu riche devrait renoncer au monde. »

Logion 111

(1) Jésus dit : « Les cieux se retireront, et la terre.
(2) Et quiconque est vivant du Vivant Unique ne verra pas la mort. »
(3) Jésus ne dit-il pas : « Quiconque s'est trouvé lui-même, de lui le monde n'est pas digne ? »

Logion 112

(1) Jésus dit : « Malheur à la chair qui dépend de l'âme. (2) Malheur à l'âme qui dépend de la chair. »

Logion 113

(1) His disciples said to him: "The kingdom —
on what day will it come?"
(2) "It will not come by watching (and waiting
for) it. (3) They will not say: 'Look, here!' or
'Look, there!' (4) Rather the kingdom of the
Father is spread out upon the earth, and people
do not see it."

Logion 114

(1) Simon Peter said to them: "Let Mary go away
from us, for women are not worthy of life."
(2) Jesus said: "Look, I will draw her in so as to
make her male, so that she too may become a
living male spirit, being similar to you."

(3) (But I say to you): "Every woman if she
makes herself male will enter the kingdom of
heaven."

Subscriptio

The Gospel According to Thomas

Pawòl 113
(1) Disip li yo te di l: "Wayòm nan — ki jou l ap vini?"
(2) "Li p ap vini nan ap gade ak tann ni. (3) Yo p ap di, 'Gade, isit!' oswa 'Gade, la.' (4) Men, wayòm Papa a etann sou tout latè, men moun yo pa wè l."

Logion 113
(1) Ses disciples lui ont dit : « Le royaume — quel jour viendra-t-il ? »
(2) « Il ne viendra pas suite à notre veille et à notre attente. (3) Ils ne diront pas : "Regardez, ici !" ou "Regardez, là !" (4) En fait le royaume du Père est répandu sur la terre, et les gens ne le voient pas. »

Pawòl 114
(1) Simon Pyè di yo: "Se pou nou bay Mari do paske fanm yo pa merite lavi."
(2) Jezi di: "Gade, m pral reprezante li tankou gason, konsa tou li ka vin yon lespri vivan, parèy tankou nou menm. (3) Men m ap di w, chak fanm, si li rive fè tèt li kou gason, l ap antre nan wayòm syèl la."

Logion 114
(1) Simon Pierre leur dit : « Que Marie nous quitte, car les femmes ne sont dignes de la vie. »
(2) Jésus dit : « Écoutez, je l'attirerai pour la rendre mâle, afin qu'elle aussi puisse devenir un esprit mâle vivant, être similaire à vous. »
(3) Mais je vous dis : « Toute femme si elle se fait mâle elle-même entrera dans le royaume des cieux. »

Nòt anba paj la
Levanjil Toma te ekri a

Subscriptio
Évangile selon Thomas

[i] Berliner Arbeitskreis für Koptisch-Gnostische Schriften (Hans-Gebhard Bethge, Christina-Maria Franke, Judith Hartenstein, Uwe-Karsten Plisch, Hans-Martin Schenke, Jens Schröter).

[ii] The verb can also be expressed in its past tense. When *Logia* appear without a narrative framework, a translation in the present tense is preferable.

[iii] Cf Log. 14,1-3.

[iv] The Coptic text reads, probably by mistake, "before the face of heaven." Emendation on the basis of POxy 654.38.

[v] Or: "I am protecting it (the world) until it blazes."

[vi] Literally: "be great."

[vii] Cf Lc 7:24; 9:52.

[viii] Cf Log. 6,1.

[ix] Literally: "in the countryside."

[x] Cf 1 Cor 2:9.

[xi] Alternative translation (cf Log. 21,6f.): "For the necessities for which you wait (with longing) will be found."

[xii] Possibly at the beginning of Log. 22,5 something has been omitted, and the original text was: "and <I have come> so that." Cf. also Log. 37.

[xiii] Also possible is the translation: "it shines... If it does not shine..."

[xiv] The Coptic text is probably corrupt. On the basis of POxy 1.23 it should be read: "Where there are three, they are godless."

[xv] Or: "When you take off your shame."

[xvi] Cf Log. 59; 92.

[xvii] Or: "took away the keys of knowledge and have hidden them."

[xviii] Possibly emend to: "< Who> are you?."

[xix] Cod "repose," but this seems to be a misunderstanding caused by the end of Log. 50, 3. Cf 2 Tm 2:18.

[xx] Possible alternative translations are: "in you," or "of you," or "about you." It depends on which Greek preposition is expressed by the Coptic version.

[xxi] Literally: "has found absolute profit (or use)."

[xxii] Or: "visible."

[xxiii] Or: "suffered."

[xxiv] Cf Log. 38.

[xxv] Cod "If someone is destroyed, ..."

[xxvi] The lacuna in the manuscript also allows the restoration of "[gracious (or: good)] person."

[xxvii] Cod "Perhaps he did not recognize them"; the text is presumably corrupt.

[xxviii] Possibly emend to: "Whoever knows all but is lacking in himself, <he> is utterly lacking."

[xxix] Or: "nobody."

[xxx] Cod erroneously "illness."

[xxxi] Or: "powerful persons."

[xxxii] Cf Log. 56.

[xxxiii] Cod "of."

[xxxiv] Other translations have "angels." Cf footnote to Log. 13,2.

[xxxv] Or: "easy."

[xxxvi] Or: "right moment."

[xxxvii] Cf Log. 38.

[xxxviii] Cod erroneously singular.

[xxxix] Alternative restorations are possible, for instance: "lest they [destroy] <them>" or "lest they break <them> [into pieces]."

[xl] Or: "to the one from whom you will not get it (the interest)."

[xli] Cod "she had not noticed a problem."

[xlii] Or: "noble."

[xliii] The lacuna can be filled as follows: "For my mother, who has [given birth to me, has destroyed me]." Another possibility: "For my mother has [deceived me]."

[xliv] Or: "lying."

[xlv] Or: "at what part (of the night)."

[xlvi] Or: "children of humanity."

[xlvii] Possibly: "The one who <will> find the world (and) become wealthy."

[xlviii] Or: "deny," "reject," "refuse."

Hans-Gebhard Bethge was born in Berlin, Germany. He obtained a diploma in Theology from the Faculty of Theology at Humboldt-University in Berlin. He holds a Dr. Theol. and Dr. Sc.Theol. (Habilitation) from the same University, 1975 and 1985. He works as Professor of New Testament studies at Humboldt-University and he is the leader of Berliner Arbeitskreis für koptisch-gnostische Schriften (Berlin working group for Coptic-Gnostic writings). Currently he is working on the Nag Hammadi codices and on biblical manuscripts in Coptic. He is a member of Studiorum Novi Testamenti Societas and the International Association for Coptic Studies.

Michel Weber was born in Brussels, Belgium. He obtained his Ph. D. in Philosophy (1997) from the Université catholique de Louvain in Belgium where he is currently Researcher at the Institut supérieur de Philosophie. He specializes in Whiteheadian process thought and his research program mainly consists of developing the activities of three networks he has created with his peers: the "Chromatiques whiteheadiennes," the "European William James Project" and the "Whitehead Psychology Nexus." He also edits the "Chromatiques whiteheadiennes" Series (Ontos Verlag) and co-edits the European Studies in Process Thought. www.isp.ucl.ac.be/staff/weber

Jacques Pierre was born in Cape Haitian, Haiti. He studied Haitian Creole and French Applied Linguistics at the State University of Haiti (1994-1998). From August 2000 to May 2005 he has been working as Research Assistant in lexicography at the Creole Institute at Indiana University. Presently he is an MA candidate in French Literature and Translation (French/English) at Kent State University.

Benjamin Hebblethwaite was born in Johannesburg, South Africa. He holds a BA in Religious Studies from the University of Missouri-Columbia. He spent one year studying at the School of Theology in Claremont, California. He holds an MA in French Literature from Purdue University and an MA in French Linguistics from Indiana University, where he worked as Research Assistant at the Creole Institute. Currently he is a Ph. D. candidate in French Linguistics at Indiana University (ABD). He works as Lecturer in Haitian Creole in the Department of Romance Languages and Literatures at the University of Florida in Gainesville. http://web.clas.ufl.edu/users/hebble/

Printed in the United States
30075LVS00001B/373-465